本書の特色と使い方

5段階指導で　どの子にも　確実に　高い漢字力が　身につきます。

1 書き順

正しい書き順が身につくよう，はじめに書き順を何度も練習しましょう。

読み方は，小学校で習うものを書いておきました。

2 漢字の読み

書き順のページを見て，どんな読み方をするのが一番よいのか考えて書きましょう。

答えあわせは，なぞり書きのページを見てしましょう。

3 なぞり書き

書き順と漢字の読み方を練習したあと，一字ずつお手本をなぞり書きしましょう。

同じページをコピーして何回もなぞり書きをすると，とても美しい文字が書けるようになります。また高い漢字力が自然に身につきます。

4 漢字の書き取り

前のページを見ないで，テストのつもりで，ていねいに書きましょう。

書いたあとは必ず，すぐに○をつけましょう。まちがった漢字は，くりかえし練習しましょう。

このページを２～３枚コピーしておいて，何度も練習するのもよいでしょう。

5 テスト

漢字の書き取りのページ，数枚につき，１回の割合で，まとめテストがあります。

その学年で習う新出漢字や読みかえ漢字を中心に出題しました。実力テストと思って，チャレンジしましょう。


やさしい手書き文字（書き順を除く）が，子どもたちの心をあたたかくはげまします。

ていねいに読みがなを　書きましょう

名前

1 宮城県と茨城県
2 栃木県と群馬県
3 神奈川県
4 埼玉県と新潟県
5 富山県と福井県
6 山梨県と岐阜県
7 静岡県と愛知県
8 滋賀県と兵庫県
9 京都府と大阪府
10 奈良県と岡山県

ていねいに読みがなを　書きましょう

名前

1 徳島県と香川県
2 愛媛県と福岡県
3 佐賀県と長崎県
4 熊本県と宮崎県
5 鹿児島県
6 沖縄県
7 英語の参考書
8 席の順番
9 無事成功する
10 茨の道を行く

ていねいに なぞり書きを しましょう

名前

1 宮城県《みやぎけん》と茨城県《いばらきけん》

2 栃木県《とちぎけん》と群馬県《ぐんまけん》

3 神奈川県《かながわけん》

4 埼玉県《さいたまけん》と新潟県《にいがたけん》

5 富山県《とやまけん》と福井県《ふくいけん》

6 山梨県《やまなしけん》と岐阜県《ぎふけん》

7 静岡県《しずおかけん》と愛知県《あいちけん》

8 滋賀県《しがけん》と兵庫県《ひょうごけん》

9 京都府《きょうとふ》と大阪府《おおさかふ》

10 奈良県《ならけん》と岡山県《おかやまけん》

ていねいに なぞり書きを しましょう

名前

1 徳島県《とくしまけん》と香川県《かがわけん》

2 愛媛県《えひめけん》と福岡県《ふくおかけん》

3 佐賀県《さがけん》と長崎県《ながさきけん》

4 熊本県《くまもとけん》と宮崎県《みやざきけん》

5 鹿児島県《かごしまけん》

6 沖縄県《おきなわけん》

7 英語《えいご》の参考書《さんこうしょ》

8 席《せき》の順番《じゅんばん》

9 無事《ぶじ》成功《せいこう》する

10 茨《いばら》の道《みち》を行《い》く

漢字を ていねいに 書きましょう

名前

1 みやぎけんといばらきけん

2 とちぎけんとぐんまけん

3 かながわけん

4 さいたまけんとにいがたけん

5 とやまけんとふくいけん

6 やまなしけんとぎふけん

7 しずおかけんとあいちけん

8 しがけんとひょうごけん

9 きょうとふとおおさかふ

10 ならけんとおかやまけん

漢字を ていねいに 書きましょう

名前

1 とくしまけんとかがわけん

2 えひめけんとふくおかけん

3 さがけんとながさきけん

4 くまもとけんとみやざきけん

5 かごしまけん

6 おきなわけん

7 えいごのさんこうしょ

8 せきのじゅんばん

9 ぶじせいこうする

10 いばらのみちをいく

ていねいに読みがなを書きましょう

1. 祝賀会に参加
2. 仲間との連帯感
3. 必死に特訓する
4. 二十三兆八千億
5. 面積の単位

名前

6. 種や芽の観察
7. 加熱した試験管
8. 栄養に富む給食
9. 健康の記録
10. 交差点を右折

ていねいに読みがなを書きましょう

1. 衣料品の倉庫
2. 陸上競技場
3. 民家付近の街灯
4. 小川の清流
5. 巣箱が完成する

名前

6. 飛行機の欠便
7. 選挙で投票する
8. けんび鏡の照明
9. 悪い器官を治す
10. 子や孫とくらす

ていねいに なぞり書きを しましょう

名前

1 祝賀会《しゅくがかい》に参加《さんか》

2 仲間《なかま》との連帯感《れんたいかん》

3 必死《ひっし》に特訓《とっくん》する

4 二十三兆八千億《にじゅうさんちょうはっせんおく》

5 面積《めんせき》の単位《たんい》

6 種《たね》や芽《め》の観察《かんさつ》

7 加熱《かねつ》した試験管《しけんかん》

8 栄養《えいよう》に富《と》む給食《きゅうしょく》

9 健康《けんこう》の記録《きろく》

10 交差点《こうさてん》を右折《うせつ》

ていねいに なぞり書きを しましょう

名前

1 衣料品《いりょうひん》の倉庫《そうこ》

2 陸上競技場《りくじょうきょうぎじょう》

3 民家《みんか》付近《ふきん》の街灯《がいとう》

4 小川《おがわ》の清流《せいりゅう》

5 巣箱《すばこ》が完成《かんせい》する

6 飛行機《ひこうき》の欠便《けつびん》

7 選挙《せんきょ》で投票《とうひょう》する

8 けんび鏡《きょう》の照明《しょうめい》

9 悪《わる》い器官《きかん》を治《なお》す

10 子《こ》や孫《まご》とくらす

漢字を　ていねいに
書きましょう

1 しゅくがかいにさんか

2 なかまとのれんたいかん

3 ひっしにとっくんする

4 にじゅうさんちょうはっせんおく

5 めんせきのたんい

名前

6 たねやめのかんさつ

7 かねつしたしけんかん

8 えいようにとむきゅうしょく

9 けんこうのきろく

10 こうさてんをうせつ

漢字を　ていねいに
書きましょう

1 いりょうひんのそうこ

2 りくじょうきょうぎじょう

3 みんかふきんのがいとう

4 おがわのせいりゅう

5 すばこがかんせいする

名前

6 ひこうきのけつびん

7 せんきょでとうひょうする

8 けんびきょうのしょうめい

9 わるいきかんをなおす

10 こやまごとくらす

書き順に 気をつけて ていねいに 書きましょう

新しく出た漢字 P9～P11 の書き順

名前

任	ニン・まかせる・まかす	六画
現	ゲン・あらわれる・あらわす	十一画
際	サイ	十四画
態	タイ	十四画
飼	シ・かう	十三画
似	にる	七画
格	カク	十画
情	ジョウ・なさけ	十一画

書き順に 気をつけて ていねいに 書きましょう

新しく出た漢字 P12～P14 の書き順

名前

像	ゾウ	十四画
象	ショウ・ゾウ	十二画
解	カイ・とく・とける	十三画
技	ギ	七画
術	ジュツ	十一画
複	フク	十四画
興	コウ・キョウ	十六画

ていねいに読みがなを 書きましょう

1. 子馬と目が合う
2. 牧場での作業
3. 学校の帰り道
4. 店員と顔見知り
5. 通学路を歩く

名前

6. 委員長に任す
7. 月が現れる
8. 実際のすがた
9. 四つ角を曲がる
10. 遠くの町に行く

ていねいに読みがなを 書きましょう

1. 足元に落ちる
2. 態度が悪い
3. 次の日の放課後
4. ねこを飼う
5. 落ち葉を集める

名前

6. 赤い服が似合う
7. 真っ黒な屋根
8. 不格好な野菜
9. 昼下がりの校庭
10. 登場人物の心情

ていねいに　なぞり書きを　しましょう

1. 子馬《こうま》と目《め》が合《あ》う
2. 牧場《ぼくじょう》での作業《さぎょう》
3. 学校《がっこう》の帰《かえ》り道《みち》
4. 店員《てんいん》と顔見知《かおみし》り
5. 通学路《つうがくろ》を歩《ある》く

名前

6. 委員長《いいんちょう》に任《まか》す
7. 月《つき》が現《あらわ》れる
8. 実際《じっさい》のすがた
9. 四《よ》つ角《かど》を曲《ま》がる
10. 遠《とお》くの町《まち》に行《い》く

ていねいに　なぞり書きを　しましょう

1. 足元《あしもと》に落《お》ちる
2. 態度《たいど》が悪《わる》い
3. 次《つぎ》の日《ひ》の放課後《ほうかご》
4. ねこを飼《か》う
5. 落《お》ち葉《ば》を集《あつ》める

名前

6. 赤《あか》い服《ふく》が似合《にあ》う
7. 真《ま》っ黒《くろ》な屋根《やね》
8. 不格好《ぶかっこう》な野菜《やさい》
9. 昼下《ひるさ》がりの校庭《こうてい》
10. 登場人物《とうじょうじんぶつ》の心情《しんじょう》

漢字を　ていねいに書きましょう

1 こうまとめがあう
2 ぼくじょうでのさぎょう
3 がっこうのかえりみち
4 てんいんとかおみしり
5 つうがくろをあるく
6 いいんちょうにまかす
7 つきがあらわれる
8 じっさいのすがた
9 よつかどをまがる
10 とおくのまちにいく

名前

漢字を　ていねいに書きましょう

1 あしもとにおちる
2 たいどがわるい
3 つぎのひのほうかご
4 ねこをかう
5 おちばをあつめる
6 あかいふくがにあう
7 まっくろなやね
8 ぶかっこうなやさい
9 ひるさがりのこうてい
10 とうじょうじんぶつのしんじょう

名前

ていねいに読みがなを　書きましょう

名前

1 感想を伝え合う
2 短い言葉で話す
3 身長の変化
4 未来を想像する
5 印象に残る
6 文章で表現する
7 物語の題名
8 話を理解する
9 似ている人物
10 草原で乗馬体験

ていねいに読みがなを　書きましょう

名前

1 科学技術の進歩
2 置物が複数ある
3 興味のある音楽
4 自然に関する本
5 分類後整理する
6 世界百科事典
7 図書館の司書
8 しかの生息地
9 野生の犬や馬
10 馬術の教え方

ていねいに なぞり書きを しましょう

1 感想《かんそう》を伝《つた》え合《あ》う

2 短《みじか》い言葉《ことば》で話《はな》す

3 身長《しんちょう》の変化《へんか》

4 未来《みらい》を想像《そうぞう》する

5 印象《いんしょう》に残《のこ》る

名前

6 文章《ぶんしょう》で表現《ひょうげん》する

7 物語《ものがたり》の題名《だいめい》

8 話《はなし》を理解《りかい》する

9 似《に》ている人物《じんぶつ》

10 草原《そうげん》で乗馬《じょうば》体験《たいけん》

ていねいに なぞり書きを しましょう

1 科学《かがく》技術《ぎじゅつ》の進歩《しんぽ》

2 置物《おきもの》が複数《ふくすう》ある

3 興味《きょうみ》のある音楽《おんがく》

4 自然《しぜん》に関《かん》する本《ほん》

5 分類《ぶんるい》後《ご》整理《せいり》する

名前

6 世界《せかい》百科《ひゃっか》事典《じてん》

7 図書館《としょかん》の司書《ししょ》

8 しかの生息地《せいそくち》

9 野生《やせい》の犬《いぬ》や馬《うま》

10 馬術《ばじゅつ》の教《おし》え方《かた》

漢字を　ていねいに書きましょう

名前

1 かがくぎじゅつのしんぽ
2 おきものがふくすうある
3 きょうみのあるおんがく
4 しぜんにかんするほん
5 ぶんるいごせいりする
6 せかいひゃっかじてん
7 としょかんのししょ
8 しかのせいそくち
9 やせいのいぬやうま
10 ばじゅつのおしえかた

漢字を　ていねいに書きましょう

名前

1 かんそうをつたえあう
2 みじかいことばではなす
3 しんちょうのへんか
4 みらいをそうぞうする
5 いんしょうにのこる
6 ぶんしょうでひょうげんする
7 ものがたりのだいめい
8 はなしをりかいする
9 にているじんぶつ
10 そうげんでじょうばたいけん

書き順に 気をつけて ていねいに 書きましょう

新しく出た漢字 P16～P18の書き順

名前

許	キョ、ゆるす	十一画
可	カ	五画
河	カ、かわ	八画
銅	ドウ	十四画
修	シュウ、おさめる、おさまる	十画
復	フク	十二画
防	ボウ、ふせぐ	七画

許許許

可可可

河河河

銅銅銅

修修修

復復復

防防防

書き順に 気をつけて ていねいに 書きましょう

新しく出た漢字 P16～P18の書き順

名前

災	サイ	七画
検	ケン	十二画
移	イ、うつる、うつす	十一画
賞	ショウ	十五画
貿	ボウ	十二画
易	エキ、イ、やさしい	八画
潔	ケツ	十五画

災災災

検検検

移移移

賞賞賞

貿貿貿

易易易

潔潔潔

ていねいに 読みがなを 書きましょう

名前

1 漢字の成り立ち
2 千年以上も昔
3 具体的に話す
4 地図の印や記号
5 特許を許可する
6 北上川の河口
7 銅像を建てる
8 橋を修復する
9 防災訓練に参加
10 車を点検する

ていねいに 読みがなを 書きましょう

名前

1 直ちに集合
2 左に移動する
3 西洋の絵画
4 陸上で入賞する
5 中国との貿易
6 愛犬と散歩する
7 清潔な人がら
8 国際会議に出席
9 年末の大そうじ
10 案内板を立てる

ていねいに なぞり書きを しましょう

1. 漢字《かんじ》の成《な》り立《た》ち
2. 千年《せんねん》以上《いじょう》も昔《むかし》
3. 具体的《ぐたいてき》に話《はな》す
4. 地図《ちず》の印《しるし》や記号《きごう》
5. 特許《とっきょ》を許可《きょか》する
6. 北上川《きたかみがわ》の河口《かこう》
7. 銅像《どうぞう》を建《た》てる
8. 橋《はし》を修復《しゅうふく》する
9. 防災訓練《ぼうさいくんれん》に参加《さんか》
10. 車《くるま》を点検《てんけん》する

名前

ていねいに なぞり書きを しましょう

1. 直《ただ》ちに集合《しゅうごう》
2. 左《ひだり》に移動《いどう》する
3. 西洋《せいよう》の絵画《かいが》
4. 陸上《りくじょう》で入賞《にゅうしょう》する
5. 中国《ちゅうごく》との貿易《ぼうえき》
6. 愛犬《あいけん》と散歩《さんぽ》する
7. 清潔《せいけつ》な人《ひと》から
8. 国際会議《こくさいかいぎ》に出席《しゅっせき》
9. 年末《ねんまつ》の大《おお》そうじ
10. 案内板《あんないばん》を立《た》てる

名前

漢字を ていねいに 書きましょう

名前

1 かんじのなりたち

2 せんねんいじょうもむかし

3 ぐたいてきにはなす

4 ちずのしるしやきごう

5 とっきょをきょかする

6 きたかみがわのかこう

7 どうぞうをたてる

8 はしをしゅうふくする

9 ぼうさいくんれんにさんか

10 くるまをてんけんする

漢字を ていねいに 書きましょう

名前

1 ただちにしゅうごう

2 ひだりにいどうする

3 せいようのかいが

4 りくじょうでにゅうしょうする

5 ちゅうごくとのぼうえき

6 あいけんとさんぽする

7 せいけつなひとがら

8 こくさいかいぎにしゅっせき

9 ねんまつのおおそうじ

10 あんないばんをたてる

まとめテスト(1)

P11
P14
P18

名まえ

（一問2点）

①②［　　］《じっさい》のすがた　犬を③（　　）《かう》　④⑤［　　］《くうそう》にふける

係に⑥（　　）《まかす》　人物の⑦⑧［　　］《しんじょう》を　⑨⑩［　　］《りかい》する

月が⑪（　　）《あらわれる》　川の⑫⑬［　　］《かこう》　橋の⑭⑮［　　］《しゅうふく》

⑯［　］《に》合う　⑰⑱［　　］《いんしょう》に残る　⑲（　　）《ただちに》　⑳㉑［　　］《いどう》する

㉒㉓㉔［　　　］《ぶかっこう》　㉕㉖［　　］《ぼうさい》の日　㉗㉘［　　］《せいけつ》なくらし

㉙㉚［　　］《きょか》をえる　車の㉛㉜［　　］《てんけん》　㉝㉞［　　］《あいけん》の世話

㉟㊱［　　］《ふくすう》の人　コンクールで㊲㊳［　　］《にゅうしょう》する　㊴㊵［　　］《ひょうげん》の自由

㊶㊷［　　］《どうぞう》を建てる　中国との㊸㊹［　　］《ぼうえき》

㊺㊻［　　］《きょうみ》をもつ　科学㊼㊽［　　］《ぎじゅつ》　㊾㊿［　　］《たいど》が悪い

書き順に 気をつけて ていねいに 書きましょう

新しく出た漢字 P21～P23 の書き順

名前

- 質《シツ》 十五画　質 質 質
- 報《ホウ》 十二画　報 報 報
- 告《コク》 つげる 七画　告 告 告
- 確《カク》 たしか たしかめる 十五画　確 確 確
- 属《ゾク》 十二画　属 属 属
- 容《ヨウ》 十画　容 容 容
- 識《シキ》 十九画　識 識 識
- 準《ジュン》 十三画　準 準 準
- 備《ビ》 そなえる そなわる 十二画　備 備 備

書き順に 気をつけて ていねいに 書きましょう

新しく出た漢字 P24～P26 の書き順

名前

- 応《オウ》 こたえる 七画　応 応 応
- 因《イン》 六画　因 因 因
- 述《ジュツ》 のべる 八画　述 述 述
- 在《ザイ》 ある 六画　在 在 在
- 支《シ》 ささえる 四画　支 支 支
- 留《リュウ ル》 とめる とまる 十画　留 留 留
- 適《テキ》 十四画　適 適 適
- 構《コウ》 かまえる かまう 十四画　構 構 構
- 接《セツ》 十一画　接 接 接

ていねいに 読みがなを 書きましょう

名前

1. 文章に書き記す
2. 四季の風景
3. 春の花冷え
4. 会話の意図
5. 友達との話
6. 選手の交代
7. 答えの予想
8. 先生に質問する
9. 報告文を書く
10. 田植えの体験

ていねいに 読みがなを 書きましょう

名前

1. 今日は祝日
2. 要点を伝える
3. 英語教室に参加
4. 正確な計算
5. 答えを確かめる
6. 合唱部に所属
7. 手荷物の内容
8. 練習に取り組む
9. 勝利を意識する
10. 食事の準備

ていねいに なぞり書きを しましょう

名前

1 文章《ぶんしょう》に書《か》き記《しる》す

2 四季《しき》の風景《ふうけい》

3 春《はる》の花《はな》冷《び》え

4 会話《かいわ》の意図《いと》

5 友達《ともだち》との話《はなし》

6 選手《せんしゅ》の交代《こうたい》

7 答《こた》えの予想《よそう》

8 先生《せんせい》に質問《しつもん》する

9 報告文《ほうこくぶん》を書《か》く

10 田植《たう》えの体験《たいけん》

ていねいに なぞり書きを しましょう

名前

1 今日《きょう》は祝日《しゅくじつ》

2 要点《ようてん》を伝《つた》える

3 英語《えいご》教室《きょうしつ》に参加《さんか》

4 正確《せいかく》な計算《けいさん》

5 答《こた》えを確《たし》かめる

6 合唱部《がっしょうぶ》に所属《しょぞく》

7 手荷物《てにもつ》の内容《ないよう》

8 練習《れんしゅう》に取《と》り組《く》む

9 勝利《しょうり》を意識《いしき》する

10 食事《しょくじ》の準備《じゅんび》

漢字を　ていねいに
書きましょう

名前

1. ぶんしょうにかきしるす
2. しきのふうけい
3. はるのはなびえ
4. かいわのいと
5. ともだちとのはなし
6. せんしゅのこうたい
7. こたえのよそう
8. せんせいにしつもんする
9. ほうこくぶんをかく
10. たうえのたいけん

漢字を　ていねいに
書きましょう

名前

1. きょうはしゅくじつ
2. ようてんをつたえる
3. えいごきょうしつにさんか
4. せいかくなけいさん
5. こたえをたしかめる
6. がっしょうぶにしょぞく
7. てにもつのないよう
8. れんしゅうにとりくむ
9. しょうりをいしきする
10. しょくじのじゅんび

ていねいに読みがなを書きましょう

1 注文に応じる

2 原因を究明する

3 意見を述べる

4 想像力を育む

5 生徒が輪になる

名前

6 実在の人物

7 屋根を支える柱

8 町の西部に住む

9 丸太を運ぶ

10 海外の留学生

ていねいに読みがなを書きましょう

1 似た意味の単語

2 別々の場面

3 適切な言動

4 日本語と外国語

5 走法を見直す

名前

6 家族の構成

7 事例を挙げる

8 小説の筆者

9 積極的な対話

10 直接に会いたい

ていねいに なぞり書きを しましょう

名前

1. 注文《ちゅうもん》に応《おう》じる
2. 原因《げんいん》を究明《きゅうめい》する
3. 意見《いけん》を述《の》べる
4. 想像力《そうぞうりょく》を育《はぐく》む
5. 生徒《せいと》が輪《わ》になる
6. 実在《じつざい》の人物《じんぶつ》
7. 屋根《やね》を支《ささ》える柱《はしら》
8. 町《まち》の西部《せいぶ》に住《す》む
9. 丸太《まるた》を運《はこ》ぶ
10. 海外《かいがい》の留学生《りゅうがくせい》

ていねいに なぞり書きを しましょう

名前

1. 似《に》た意味《いみ》の単語《たんご》
2. 別々《べつべつ》の場面《ばめん》
3. 適切《てきせつ》な言動《げんどう》
4. 日本語《にっぽんご》と外国語《がいこくご》
5. 走法《そうほう》を見直《みなお》す
6. 家族《かぞく》の構成《こうせい》
7. 事例《じれい》を挙《あ》げる
8. 小説《しょうせつ》の筆者《ひっしゃ》
9. 積極的《せっきょくてき》な対話《たいわ》
10. 直接《ちょくせつ》に会《あ》いたい

漢字を　ていねいに
書きましょう

1 ちゅうもんにおうじる

2 げんいんをきゅうめいする

3 いけんをのべる

4 そうぞうりょくをはぐくむ

5 せいとがわになる

名前

6 じつざいのじんぶつ

7 やねをささえるはしら

8 まちのせいぶにすむ

9 まるたをはこぶ

10 かいがいのりゅうがくせい

漢字を　ていねいに
書きましょう

1 にたいみのたんご

2 べつべつのばめん

3 てきせつなげんどう

4 にっぽんごとがいこくご

5 そうほうをみなおす

名前

6 かぞくのこうせい

7 じれいをあげる

8 しょうせつのひっしゃ

9 せっきょくてきなたいわ

10 ちょくせつにあいたい

書き順に 気をつけて ていねいに 書きましょう

新しく出た漢字 P28～P30 の書き順

名前

漢字	画数
過《カ》《すごす すぎる》	十二画
幹《カン》《みき》	十三画
混《コン》《まじる こむ》	十一画
雑《ザツ ゾウ》	十四画
略《リャク》	十一画
測《ソク》《はかる》	十二画
禁《キン》	十三画
貸《かす》	十二画

書き順に 気をつけて ていねいに 書きましょう

新しく出た漢字 P28～P30 P32～P34 の書き順

名前

漢字	画数
能《ノウ》	十画
句《ク》	五画
常《ジョウ》《つね》	十一画
桜《さくら》	十画
序《ジョ》	七画
資《シ》	十三画
酸《サン》	十四画
素《ソ》	十画

ていねいに読みがなを書きましょう

名前

1 東名高速道路
2 年末の帰省
3 相当な人数
4 予想が外れる
5 快適に過ごす
6 新幹線に乗る
7 混み合う道路
8 混雑する駅
9 説明は省略する
10 星の数の計測

ていねいに読みがなを書きましょう

名前

1 立ち入り禁止
2 妹に本を貸す
3 可能と不可能
4 生の魚を食べる
5 感動を表す言葉
6 書き留める
7 大根の種
8 工夫した表現
9 俳《はい》句は短い詩
10 日常生活

ていねいに なぞり書きを しましょう

名前

1 東名高速道路《とうめいこうそくどうろ》

2 年末《ねんまつ》の帰省《きせい》

3 相当《そうとう》な人数《にんずう》

4 予想《よそう》が外《はず》れる

5 快適《かいてき》に過《す》ごす

6 新幹線《しんかんせん》に乗《の》る

7 混《こ》み合《あ》う道路《どうろ》

8 混雑《こんざつ》する駅《えき》

9 説明《せつめい》は省略《しょうりゃく》する

10 星《ほし》の数《かず》の計測《けいそく》

ていねいに なぞり書きを しましょう

名前

1 立《た》ち入《い》り禁止《きんし》

2 妹《いもうと》に本《ほん》を貸《か》す

3 可能《かのう》と不可能《ふかのう》

4 生《なま》の魚《さかな》を食《た》べる

5 感動《かんどう》を表《あらわ》す言葉《ことば》

6 書《か》き留《と》める

7 大根《だいこん》の種《たね》

8 工夫《くふう》した表現《ひょうげん》

9 俳句《はいく》は短《みじか》い詩《し》

10 日常生活《にちじょうせいかつ》

漢字を　ていねいに
書きましょう

名前

1. たちいりきんし
2. いもうとにほんをかす
3. かのうとふかのう
4. なまのさかなをたべる
5. かんどうをあらわすことば
6. かきとめる
7. だいこんのたね
8. くふうしたひょうげん
9. はいくはみじかいし　俳
10. にちじょうせいかつ

漢字を　ていねいに
書きましょう

名前

1. とうめいこうそくどうろ
2. ねんまつのきせい
3. そうとうなにんずう
4. よそうがはずれる
5. かいてきにすごす
6. しんかんせんにのる
7. こみあうどうろ
8. こんざつするえき
9. せつめいはしょうりゃくする
10. ほしのかずのけいそく

まとめテスト(2)

P23
P26
P30

名まえ

（一問2点）

①□②□《ほうこく》文
③□④□《せいかく》に書く
出かける
⑤□⑥□《じゅんび》

注文に⑦〔　〕《おうじる》
⑧□⑨□《しょぞく》チーム
意見を⑩〔　〕《のべる》

⑪□⑫□《しつもん》の答え
アラスカの⑬□⑭□《せいぶ》
⑮□⑯□《てきせつ》な言動

⑰□⑱□《ないよう》
本を⑲〔　〕《かす》
ちがいを⑳□㉑□《いしき》する
俳《はい》㉒□《く》

負けた㉓□㉔□《げんいん》
㉕□㉖□《まるた》運び
㉗□㉘□㉙□《しんかんせん》

㉚□㉛□《じつざい》の人物
柱で㉜〔　〕《ささえる》
㉝□㉞□《こんざつ》する

㉟□㊱□《ちょくせつ》会う
文を省㊲□《りゃく》する
立ち入り㊳□㊴□《きんし》

家族㊵□㊶□《こうせい》
数の㊷□㊸□《けいぞく》
元気に㊹〔　〕《すごす》

㊺□㊻□《りゅうがく》生
㊼□㊽□《かのう》
㊾□㊿□《にちじょう》

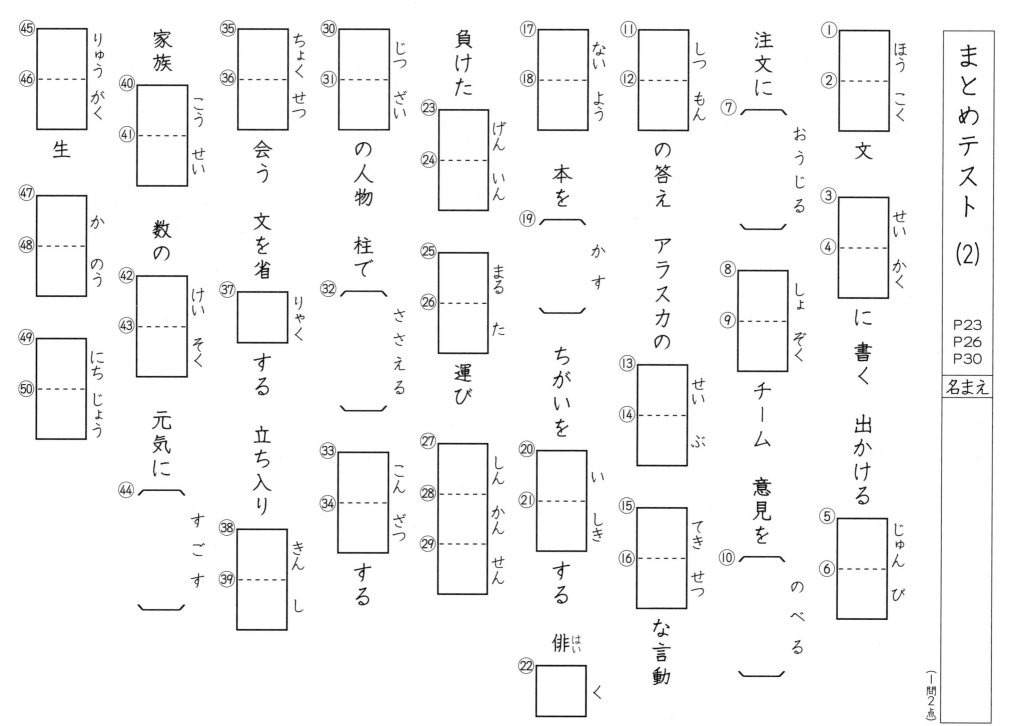

ていねいに読みがなを 書きましょう

1 桜が満開だ
2 台風の季節
3 夕立の予報
4 順序よく話す
5 印象深い

名前

6 古典芸能
7 光る竹の根元
8 道理に反する
9 自然の移ろい
10 次々に消える

ていねいに読みがなを 書きましょう

1 北陸の各地
2 東北への旅
3 資料を集める
4 二酸化炭素
5 正確に記録する

名前

6 出典を明記する
7 油の量の調整
8 水害を防ぐ
9 長野県の森林
10 人工林の割合

ていねいに なぞり書きを しましょう

名前

1. 桜《さくら》が満開《まんかい》だ
2. 台風《たいふう》の季節《きせつ》
3. 夕立《ゆうだち》の予報《よほう》
4. 順序《じゅんじょ》よく話《はな》す
5. 印象深《いんしょうぶか》い
6. 古典芸能《こてんげいのう》
7. 光《ひか》る竹《たけ》の根元《ねもと》
8. 道理《どうり》に反《はん》する
9. 自然《しぜん》の移《うつ》ろい
10. 次々《つぎつぎ》に消《き》える

ていねいに なぞり書きを しましょう

名前

1. 北陸《ほくりく》の各地《かくち》
2. 東北《とうほく》への旅《たび》
3. 資料《しりょう》を集《あつ》める
4. 二酸化炭素《にさんかたんそ》
5. 正確《せいかく》に記録《きろく》する
6. 出典《しゅってん》を明記《めいき》する
7. 油《あぶら》の量《りょう》の調整《ちょうせい》
8. 水害《すいがい》を防《ふせ》ぐ
9. 長野県《ながのけん》の森林《しんりん》
10. 人工林《じんこうりん》の割合《わりあい》

漢字を　ていねいに
書きましょう

1 さくらがまんかいだ

2 たいふうのきせつ

3 ゆうだちのよほう

4 じゅんじょよくはなす

5 いんしょうぶかい

名前

6 こてんげいのう

7 ひかるたけのねもと

8 どうりにはんする

9 しぜんのうつろい

10 つぎつぎにきえる

漢字を　ていねいに
書きましょう

1 ほくりくのかくち

2 とうほくへのたび

3 しりょうをあつめる

4 にさんかたんそ

5 せいかくにきろくする

名前

6 しゅってんをめいきする

7 あぶらのりょうのちょうせい

8 すいがいをふせぐ

9 ながのけんのしんりん

10 じんこうりんのわりあい

書き順に気をつけてていねいに書きましょう

新しく出た漢字 P36～P38 の書き順

名前

漢字	読み	画数	書き順
査	サ	九画	一 十 才 木 木 杏 杏 杳 査
設	セツ・もうける	十一画	丶 亠 亖 言 言 言 言 訁 訁 設 設
停	テイ	十一画	ノ イ 亻 仁 佇 佇 佇 佇 停 停 停
総	ソウ	十四画	幺 幺 幺 糸 糸 糸 糸 糹 糹 紒 紒 総 総 総
厚	あつい	九画	一 厂 厂 厂 后 戸 厚 厚 厚
武	ムブ	八画	一 二 テ 干 正 正 武 武
士	シ	三画	一 十 士
舎	シャ	八画	ノ 人 亼 今 全 舎 舎 舎
往	オウ	八画	ノ 彡 彳 彳 行 行 往 往

書き順に気をつけてていねいに書きましょう

新しく出た漢字 P36～P41 の書き順

名前

漢字	読み	画数	書き順
肥	ヒ・こえる・こえ	八画	ノ 刀 月 月 月 肌 肥 肥
演	エン	十四画	丶 冫 氵 氵 氵 氵 汸 汸 淯 渖 渖 演 演 演
刊	カン	五画	一 二 干 干 刊
暴	ボウ・あばれる	十五画	丨 冂 日 日 旦 早 早 昌 昇 昇 晃 晃 暴 暴 暴
績	セキ	十七画	幺 幺 幺 糸 糸 糸 糸 糸 糸 紅 紅 結 結 結 績 績 績
鉱	コウ	十三画	ノ 人 𠆢 亼 全 全 余 金 金 釒 鉱 鉱 鉱
製	セイ	十四画	ノ 亠 亠 乍 乍 朱 制 制 制 製 製 製 製 製
航	コウ	十画	ノ 亻 力 月 舟 舟 舟 舟 航 航
非	ヒ	八画	ノ 丿 ヨ ヨ 非 非 非 非

ていねいに読みがなを書きましょう

1 ひ暑地で過ごす
2 整形外科の病院
3 調査結果の発表
4 路線図の設置
5 外国語の伝来

名前

6 点字の印刷
7 科学への興味
8 世界中の様子
9 新商品の特長
10 車内の音声案内

ていねいに読みがなを書きましょう

1 感知する機械
2 駅前の放送局
3 バスの停留所
4 総合的に考える
5 書物の引用資料

名前

6 厚い辞書
7 武士の刀
8 南校舎の入り口
9 往復の時間
10 花に肥料をまく

ていねいに なぞり書きを しましょう

名前

1. ひ暑《しょ》地《ち》で過《す》ごす
2. 整形《せいけい》外《げ》科《か》の病院《びょういん》
3. 調査《ちょうさ》結果《けっか》の発表《はっぴょう》
4. 路線図《ろせんず》の設置《せっち》
5. 外国語《がいこくご》の伝来《でんらい》
6. 点字《てんじ》の印刷《いんさつ》
7. 科学《かがく》への興味《きょうみ》
8. 世界中《せかいじゅう》の様子《ようす》
9. 新商品《しんしょうひん》の特長《とくちょう》
10. 車内《しゃない》の音声案内《おんせいあんない》

ていねいに なぞり書きを しましょう

名前

1. 感知《かんち》する機械《きかい》
2. 駅前《えきまえ》の放送局《ほうそうきょく》
3. バスの停留所《ていりゅうじょ》
4. 総合的《そうごうてき》に考《かんが》える
5. 書物《しょもつ》の引用資料《いんようしりょう》
6. 厚《あつ》い辞書《じしょ》
7. 武士《ぶし》の刀《かたな》
8. 南校舎《みなみこうしゃ》の入《い》り口《ぐち》
9. 往復《おうふく》の時間《じかん》
10. 花《はな》に肥料《ひりょう》をまく

漢字を ていねいに 書きましょう

1 ひしょちですごす

2 せいけいげかのびょういん

3 ちょうさけっかのはっぴょう

4 ろせんずのせっち

5 がいこくごのでんらい

名前

6 てんじのいんさつ

7 かがくへのきょうみ

8 せかいじゅうのようす

9 しんしょうひんのとくちょう

10 しゃないのおんせいあんない

漢字を ていねいに 書きましょう

1 かんちするきかい

2 えきまえのほうそうきょく

3 バスのていりゅうじょ

4 そうごうてきにかんがえる

5 しょもつのいんようしりょう

名前

6 あついじしょ

7 ぶしのかたな

8 みなみこうしゃのいりぐち

9 おうふくのじかん

10 はなにひりょうをまく

ていねいに読みがなを　書きましょう

名前

1. すばらしい景色
2. 熱いお茶を飲む
3. 今年の夏は暑い
4. 荷物が着く
5. 気が付く
6. 重さを量る
7. タイムを計る
8. 川の深さを測る
9. 文章の前後関係
10. 適切な温度

ていねいに読みがなを　書きましょう

名前

1. 料理の自信作
2. 歌の公演を見た
3. 週刊誌《し》を読む
4. 暴風けい報
5. 功績を残す
6. 鉱石を見つける
7. 製糸工場の見学
8. 航海に出る
9. 会議は非公開
10. 情報技術の向上

ていねいに なぞり書きを しましょう

名前

1. すばらしい景色《けしき》
2. 熱《あつ》いお茶《ちゃ》を飲《の》む
3. 今年《ことし》の夏《なつ》は暑《あつ》い
4. 荷物《にもつ》が着《つ》く
5. 気《き》が付《つ》く
6. 重《おも》さを量《はか》る
7. タイムを計《はか》る
8. 川《かわ》の深《ふか》さを測《はか》る
9. 文章《ぶんしょう》の前後《ぜんご》関係《かんけい》
10. 適切《てきせつ》な温度《おんど》

ていねいに なぞり書きを しましょう

名前

1. 料理《りょうり》の自信作《じしんさく》
2. 歌《うた》の公演《こうえん》を見《み》た
3. 週刊誌《しゅうかんし》を読《よ》む
4. 暴風《ぼうふう》けい報《ほう》
5. 功績《こうせき》を残《のこ》す
6. 鉱石《こうせき》を見《み》つける
7. 製糸《せいし》工場《こうじょう》の見学《けんがく》
8. 航海《こうかい》に出《で》る
9. 会議《かいぎ》は非公開《ひこうかい》
10. 情報《じょうほう》技術《ぎじゅつ》の向上《こうじょう》

漢字を　ていねいに　書きましょう

名前

1. すばらしいけしき
2. あついおちゃをのむ
3. ことしのなつはあつい
4. にもつがつく
5. きがつく
6. おもさをはかる
7. タイムをはかる
8. かわのふかさをはかる
9. ぶんしょうのぜんごかんけい
10. てきせつなおんど

漢字を　ていねいに　書きましょう

名前

1. りょうりのじしんさく
2. うたのこうえんをみた
3. しゅうかんしをよむ　誌
4. ぼうふうけいほう
5. こうせきをのこす
6. こうせきをみつける
7. せいしこうじょうのけんがく
8. こうかいにでる
9. かいぎはひこうかい
10. じょうほうぎじゅつのこうじょう

まとめテスト (3)

P34
P38
P41

名まえ

（一問2点）

① ② そう ごう の時間

③ （ あつい ） 本

④ ⑤ ⑥ ぶ し の かたな

⑦ ⑧ ぼう ふう 雨

⑨ ⑩ ⑪ あん ない ばん を

⑫ ⑬ せっ ち する

畑に ⑭ ⑮ ひ りょう を やる バスの

⑯ ⑰ ⑱ てい りゅう じょ

⑲ ⑳ せい し 工場

㉑ ㉒ さん そ

学校までの

㉓ ㉔ おう ふく

太平洋を ㉕ ㉖ こう かい する

げきの ㉗ ㉘ こう えん

㉙ ㉚ こう せき を 残す

㉛ ㉜ こう せき を 見つける

㉝ ㉞ しゅう かん 誌を 読む

㉟ ㊱ ちょう さ の

㊲ ㊳ し りょう

㊴ ㊵ ㊶ ひ じょう ぐち から 出る

㊷ ㊸ こう しゃ のまど

㊹ ㊺ じゅん じょ

㊻ さくら の花

美しい ㊼ ㊽ け しき

㊾ ㊿ こ てん の世界

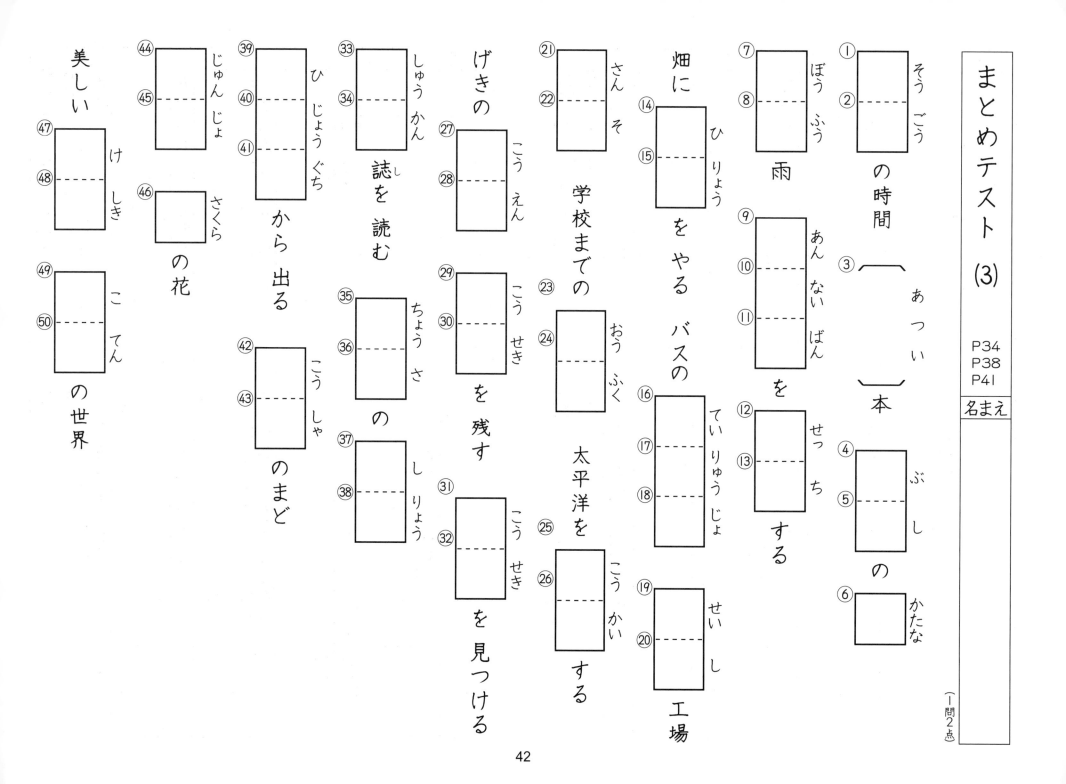

書き順に 気をつけて ていねいに 書きましょう

新しく出た漢字 P44〜P49 の書き順

名前

編	ヘン	あむ	十五画
絶	ゼツ	たえる たつ	十二画
張	チョウ	はる	十一画
破	ハ	やぶる やぶれる	十画
得	トク	える	十一画
居	キョ	いる	八画
弁	ベン		五画
政	セイ		九画
経	ケイ	へる	十一画

書き順に 気をつけて ていねいに 書きましょう

新しく出た漢字 P47〜P49 の書き順

名前

示	ジ	しめす	五画
逆	ギャク	さか さからう	九画
比	ヒ	くらべる	四画
囲	イ	かこむ かこう	七画
勢	セイ	いきおい	十三画
職	ショク		十八画
歴	レキ		十四画
史	シ		五画
招	ショウ	まねく	八画

ていねいに読みがなを書きましょう

1 流行作家になる
2 題名を見て選ぶ
3 長編小説を読む
4 複数の本を選ぶ
5 絶対の自信

名前

6 意地っ張り
7 服が破れる
8 兄に言い返す
9 特製の赤飯
10 根気強い選手

ていねいに読みがなを書きましょう

1 下手の横好き
2 容器で温め直す
3 戦いは先手必勝
4 友だちと仲直り
5 苦い薬を飲む

名前

6 二階の部屋
7 真夜中の出来事
8 得意な水泳
9 居間に集まる
10 弁当を食べる

ていねいに なぞり書きを しましょう

1. 流行作家《りゅうこうさっか》になる
2. 題名《だいめい》を見《み》て選《えら》ぶ
3. 長編小説《ちょうへんしょうせつ》を読《よ》む
4. 複数《ふくすう》の本《ほん》を選《えら》ぶ
5. 絶対《ぜったい》の自信《じしん》
6. 意地《いじ》っ張《ぱ》り
7. 服《ふく》が破《やぶ》れる
8. 兄《あに》に言《い》い返《かえ》す
9. 特製《とくせい》の赤飯《せきはん》
10. 根気強《こんきづよ》い選手《せんしゅ》

名前

ていねいに なぞり書きを しましょう

1. 下手《へた》の横好《よこず》き
2. 容器《ようき》で温《あたた》め直《なお》す
3. 戦《たたか》いは先手必勝《せんてひっしょう》
4. 友《とも》だちと仲直《なかなお》り
5. 苦《にが》い薬《くすり》を飲《の》む
6. 二階《にかい》の部屋《へや》
7. 真夜中《まよなか》の出来事《できごと》
8. 得意《とくい》な水泳《すいえい》
9. 居間《いま》に集《あつ》まる
10. 弁当《べんとう》を食《た》べる

名前

漢字を ていねいに 書きましょう

1. りゅうこうさっかになる
2. だいめいをみてえらぶ
3. ちょうへんしょうせつをよむ
4. ふくすうのほんをえらぶ
5. ぜったいのじしん
6. いじっぱり
7. ふくがやぶれる
8. あににいいかえす
9. とくせいのせきはん
10. こんきづよいせんしゅ

名前

漢字を ていねいに 書きましょう

1. へたのよこずき
2. ようきであたためなおす
3. たたかいはせんてひっしょう
4. ともだちとなかなおり
5. にがいくすりをのむ
6. にかいのへや
7. まよなかのできごと
8. とくいなすいえい
9. いまにあつまる
10. べんとうをたべる

名前

ていねいに読みがなを書きましょう

名前

1 似顔絵をそえる
2 栄養ある食べ物
3 梅の花の香り
4 別の料理を作る
5 牛や羊を飼う
6 校長先生の祝辞
7 説得力ある説明
8 政治に関心あり
9 経験を積む
10 方向を示す

ていねいに読みがなを書きましょう

名前

1 試合は逆転負け
2 力を比べる
3 有名人を囲む
4 大勢の子ども
5 敬《けい》語の使い方
6 職員室に入る
7 日本の歴史
8 友を家に招く
9 料理研究家
10 全体像をかく

ていねいに なぞり書きを しましょう

1. 似《に》顔《がお》絵《え》をそえる
2. 栄養《えいよう》ある食《た》べ物《もの》
3. 梅《うめ》の花《はな》の香《かお》り
4. 別《べつ》の料理《りょうり》を作《つく》る
5. 牛《うし》や羊《ひつじ》を飼《か》う

名前

6. 校長先生《こうちょうせんせい》の祝辞《しゅくじ》
7. 説得力《せっとくりょく》ある説明《せつめい》
8. 政治《せいじ》に関心《かんしん》あり
9. 経験《けいけん》を積《つ》む
10. 方向《ほうこう》を示《しめ》す

ていねいに なぞり書きを しましょう

1. 試合《しあい》は逆転負《ぎゃくてんま》け
2. 力《ちから》を比《くら》べる
3. 有名人《ゆうめいじん》を囲《かこ》む
4. 大勢《おおぜい》の子《こ》ども
5. 敬語《けいご》の使《つか》い方《かた》

名前

6. 職員室《しょくいんしつ》に入《はい》る
7. 日本《にっぽん》の歴史《れきし》
8. 友《とも》を家《いえ》に招《まね》く
9. 料理研究家《りょうりけんきゅうか》
10. 全体像《ぜんたいぞう》をかく

漢字を ていねいに 書きましょう

1. にがおえをそえる
2. えいようあるたべもの
3. うめのはなのかおり
4. べつのりょうりをつくる
5. うしやひつじをかう

名前

6. こうちょうせんせいのしゅくじ
7. せっとくりょくあるせつめい
8. せいじにかんしんあり
9. けいけんをつむ
10. ほうこうをしめす

漢字を ていねいに 書きましょう

1. しあいはぎゃくてんまけ
2. ちからをくらべる
3. ゆうめいじんをかこむ
4. おおぜいのこども
5. けいごのつかいかた　敬

名前

6. しょくいんしつにはいる
7. にっぽんのれきし
8. ともをいえにまねく
9. りょうりけんきゅうか
10. ぜんたいぞうをかく

書き順に 気をつけて
ていねいに 書きましょう

漢字	読み	画数	書き順
迷	まよう	九画	丶 丷 䒑 半 米 米 迷
夢	ム・ゆめ	十三画	一 十 艹 艹 苎 苎 苎 苎 苎 莔 莔 夢 夢
独	ドク・ひとり	九画	ノ 犭 犭 犭 狆 狆 独 独 独
個	コ	十画	ノ イ 亻 们 们 們 個 個 個 個
提	テイ	十二画	一 十 扌 扌 扣 担 担 担 捍 捍 提 提

新しく出た漢字 P51～P53の書き順

名前

練習しましょう

迷 夢 独 個 提

書き順に 気をつけて
ていねいに 書きましょう

漢字	読み	画数	書き順
寄	キ・よる・よせる	十一画	丶 丷 宀 宀 宀 宊 宊 寄 寄 寄 寄
余	ヨ・あまる・あます	七画	ノ 人 ∧ 亼 全 余 余
仏	ブツ・ほとけ	四画	ノ イ 仏 仏
眼	ガン	十一画	丨 冂 月 月 目 目 目 目 眀 眼 眼

新しく出た漢字 P51～P53の書き順

名前

練習しましょう

寄 余 仏 眼

ていねいに読みがなを書きましょう

1. 道に迷う
2. 鳥取駅の構内
3. 心当たりがない
4. 植物園の広場
5. 夢について語る

名前

6. 独り言を言う
7. 九州の在来線
8. 広島の路面電車
9. 平和記念資料館
10. 朝礼時の校庭

ていねいに読みがなを書きましょう

1. 不真面目な人
2. 本を提供する
3. 帰りに寄る
4. 面食らった表情
5. 八千人余り

名前

6. 仏の顔も三度
7. 土手を散歩する
8. 個人の自由
9. 本質を見失う
10. 着眼点が良い

ていねいに なぞり書きを しましょう

名前

1. 道《みち》に迷《まよ》う
2. 鳥取駅《とっとりえき》の構内《こうない》
3. 心当《こころあ》たりがない
4. 植物園《しょくぶつえん》の広場《ひろば》
5. 夢《ゆめ》について語《かた》る
6. 独《ひと》り言《ごと》を言《い》う
7. 九州《きゅうしゅう》の在来線《ざいらいせん》
8. 広島《ひろしま》の路面電車《ろめんでんしゃ》
9. 平和記念資料館《へいわきねんしりょうかん》
10. 朝礼時《ちょうれいじ》の校庭《こうてい》

ていねいに なぞり書きを しましょう

名前

1. 不真面目《ふまじめ》な人《ひと》
2. 本《ほん》を提供《ていきょう》する
3. 帰《かえ》りに寄《よ》る
4. 面食《めんく》らった表情《ひょうじょう》
5. 八千人《はっせんにん》余《あま》り
6. 仏《ほとけ》の顔《かお》も三度《さんど》
7. 土手《どて》を散歩《さんぽ》する
8. 個人《こじん》の自由《じゆう》
9. 本質《ほんしつ》を見失《みうしな》う
10. 着眼点《ちゃくがんてん》が良《よ》い

漢字を　ていねいに　書きましょう

1. みちにまよう
2. とっとりえきのこうない
3. こころあたりがない
4. しょくぶつえんのひろば
5. ゆめについてかたる
6. ひとりごとをいう
7. きゅうしゅうのざいらいせん
8. ひろしまのろめんでんしゃ
9. へいわきねんしりょうかん
10. ちょうれいじのこうてい

名前

漢字を　ていねいに　書きましょう

1. ふまじめなひと
2. ほんをていきょうする
3. かえりによる
4. めんくらったひょうじょう
5. はっせんにんあまり
6. ほとけのかおもさんど
7. どてをさんぽする
8. こじんのじゆう
9. ほんしつをみうしなう
10. ちゃくがんてんがよい

名前

まとめテスト(4)

P46
P49
P53

名まえ

（一問2点）

①② □《ぜったい》勝つ　③④ □《べんとう》を食べる　力を ⑤［　］《くらべる》

⑥⑦ □《へた》な字　意地を ⑧［　］《はる》　⑨⑩⑪ □《しょくいんしつ》に入る

⑫⑬ □《いま》に集まる　⑭⑮ □《ぎゃくてん》負け　日本の ⑯⑰ □《れきし》

⑱⑲ □《ちょうへん》小説　⑳㉑ □《とくてん》　㉒［　］《やぶる》　お客を ㉓［　］《まねく》

㉔㉕ □《せいじ》家　指で ㉖［　］《しめす》　本を ㉗㉘ □《ていきょう》する

㉙㉚ □《けいけん》を積む　㉛ □《ゆめ》を見る　百人 ㉜［　］《あまり》の人々

㉝㉞ □《おおぜい》で ㉟［　］《かこむ》　㊱㊲㊳ □《まじめ》な人　㊴㊵［　］《めんくらった》顔

㊶ □《えき》で ㊷［　］《まよう》　㊸㊹ □《こじん》タクシー　帰りに ㊺［　］《よる》

㊻㊼［　］《ひとりごと》　㊽㊾ □《ちゃくがん》点が良い　㊿ □《ほとけ》さま

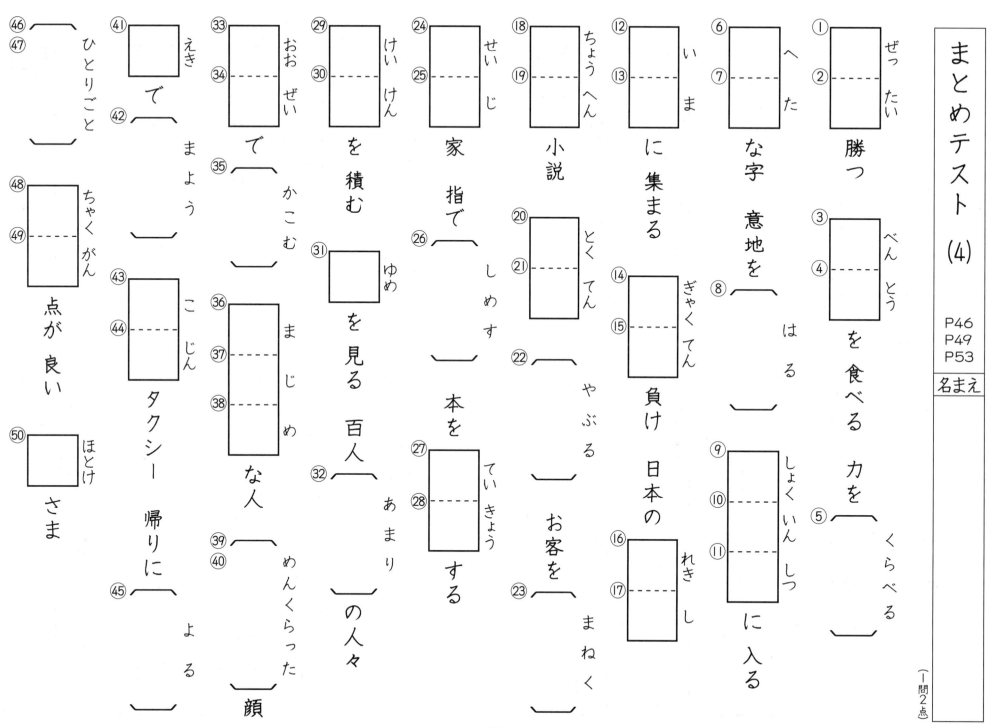

書き順に 気をつけて ていねいに 書きましょう

新しく出た漢字 P56～P58 の書き順

名前

財《ザイ》 十画

祖《ソ》 九画

謝《シャ》 十七画

罪《ザイ つみ》 十三画

志《シ こころざす こころざし》 七画

永《エイ ながい》 五画

久《キュウ ひさしい》 三画

毒《ドク》 八画

営《エイ いとなむ》 十二画

妻《サイ つま》 八画

精《セイ》 十四画

書き順に 気をつけて ていねいに 書きましょう

新しく出た漢字 P59～P61 の書き順

名前

保《ホ たもつ》 九画

状《ジョウ》 七画

条《ジョウ》 七画

件《ケン》 六画

程《テイ》 十二画

評《ヒョウ》 十二画

価《カ》 八画

判《ハン バン》 七画

断《ダン ことわる》 十一画

賛《サン》 十五画

ていねいに読みがなを　書きましょう

1. 多くの財産
2. 祖母と話す
3. 謝罪会見をする
4. 志望校に入学
5. 読本を借りる

名前

6. 正直な人
7. 明後日に会う
8. 本名を知らせる
9. 精力的な研究者
10. 昼食を準備する

ていねいに読みがなを　書きましょう

1. 参考書売り場
2. 永久に平和を
3. 熱湯で消毒する
4. 営業中の店
5. 妻と出かける

名前

6. 元日の初もうでで
7. 岩清水が流れる
8. 川原と河原
9. 八百屋へ行く
10. 果物屋で買う

ていねいに なぞり書きを しましょう　　名前

1 多くの財産（おお・ざいさん）
2 祖母と話す（そぼ・はな）
3 謝罪会見をする（しゃざいかいけん）
4 志望校に入学（しぼうこう・にゅうがく）
5 読本を借りる（とくほん・か）
6 正直な人（しょうじき・ひと）
7 明後日に会う（みょうごにち・あ）
8 本名を知らせる（ほんみょう・し）
9 精力的な研究者（せいりょくてき・けんきゅうしゃ）
10 昼食を準備する（ちゅうしょく・じゅんび）

ていねいに なぞり書きを しましょう　　名前

1 参考書売り場（さんこうしょ・ば）
2 永久に平和を（えいきゅう・へいわ）
3 熱湯で消毒する（ねっとう・しょうどく）
4 営業中の店（えいぎょうちゅう・みせ）
5 妻と出かける（つま・で）
6 元日の初もうで（がんじつ・はつ）
7 岩清水が流れる（いわしみず・なが）
8 川原と河原（かわら・かわら）
9 八百屋へ行く（やおや・い）
10 果物屋で買う（くだものや・か）

漢字を　ていねいに
書きましょう

1 おおくのざいさん
2 そぼとはなす
3 しゃざいかいけんをする
4 しぼうこうににゅうがく
5 とくほんをかりる

名前

6 しょうじきなひと
7 みょうごにちにあう
8 ほんみょうをしらせる
9 せいりょくてきなけんきゅうしゃ
10 ちゅうしょくをじゅんびする

漢字を　ていねいに
書きましょう

1 さんこうしょうりば
2 えいきゅうにへいわを
3 ねっとうでしょうどくする
4 えいぎょうちゅうのみせ
5 つまとでかける

名前

6 がんじつのはつもうで
7 いわしみずがながれる
8 かわらとかわら
9 やおやへいく
10 くだものやでかう

ていねいに読みがなを 書きましょう

名前

1. 迷子の放送
2. 眼鏡をかける
3. 一月一日
4. 物知り博士
5. 秋の夜長
6. 明確な立場
7. 安静を保つ
8. 現状を調べる
9. 条件をつける
10. 進化の過程

ていねいに読みがなを 書きましょう

名前

1. 高い評価
2. 正しい判断
3. 考えに賛成する
4. 司会や記録係
5. 句点で区切る
6. 原因を究明する
7. 必要に応じる
8. 課題を解決する
9. 対立した意見
10. 表示価格を示す

ていねいに なぞり書きを しましょう

名前

1. 迷子《まいご》の放送《ほうそう》
2. 眼鏡《めがね》をかける
3. 一月一日《いちがつついたち》
4. 物知《ものし》り博士《はかせ》
5. 秋《あき》の夜長《よなが》
6. 明確《めいかく》な立場《たちば》
7. 安静《あんせい》を保《たも》つ
8. 現状《げんじょう》を調《しら》べる
9. 条件《じょうけん》をつける
10. 進化《しんか》の過程《かてい》

ていねいに なぞり書きを しましょう

名前

1. 高《たか》い評価《ひょうか》
2. 正《ただ》しい判断《はんだん》
3. 考《かんが》えに賛成《さんせい》する
4. 司会《しかい》や記録係《きろくがかり》
5. 句点《くてん》で区切《くぎ》る
6. 原因《げんいん》を究明《きゅうめい》する
7. 必要《ひつよう》に応《おう》じる
8. 課題《かだい》を解決《かいけつ》する
9. 対立《たいりつ》した意見《いけん》
10. 表示《ひょうじ》価《か》格《かく》を示《しめ》す

漢字を　ていねいに　書きましょう

名前

1. まいごのほうそう
2. めがねをかける
3. いちがつついたち
4. ものしりはかせ
5. あきのよなが
6. めいかくなたちば
7. あんせいをたもつ
8. げんじょうをしらべる
9. じょうけんをつける
10. しんかのかてい

漢字を　ていねいに　書きましょう

名前

1. たかいひょうか
2. ただしいはんだん
3. かんがえにさんせいする
4. しかいやきろくがかり
5. くてんでくぎる
6. げんいんをきゅうめいする
7. ひつようにおうじる
8. かだいをかいけつする
9. たいりつしたいけん
10. ひょうじかかくをしめす

書き順に　気をつけて　ていねいに　書きましょう

再《サイ・サ》　ふたたび
六画
一 丆 冂 币 再 再

増《ゾウ》　ます　ふえる
十四画
一 十 土 圵 圻 坿 坿 垆 垆 埗 増 増 増 増

証《ショウ》
十二画
丶 亠 亠 亖 言 言 言 訂 訂 訐 証 証

限《ゲン》　かぎる
九画
⁷ 阝 阝 阝 阝 阝 限 限 限

責《セキ》　せめる
十一画
一 十 キ 主 丰 青 青 青 青 青 責

均《キン》
七画
一 十 土 圴 均 均 均

練習しましょう

均	責	限	証	増	再
均	責	限	証	増	再
均	責	限	証	増	再

名前

新しく出た漢字
P63～P65
の書き順

書き順に　気をつけて　ていねいに　書きましょう

効《コウ》　きく
八画
丶 亠 六 六 亥 交 効 効

統《トウ》
十二画
ㄑ 幺 幺 糸 糸 糸 紅 紅 紅 紘 紣 統

境《キョウ》　さかい
十四画
一 十 土 圹 圹 垃 垃 垃 培 培 培 培 境 境

布《フ》　ぬの
五画
ノ ナ 才 右 布

減《ゲン》　へる　へらす
十二画
丶 冫 氵 氵 氵 汇 沂 沂 沍 減 減 減

護《ゴ》
二十画
丶 亠 亠 亖 言 言 言 言 言 言 言 言 言 言 言 諸 諸 諸 護 護

練習しましょう

護	減	布	境	統	効
護	減	布	境	統	効
護	減	布	境	統	効

名前

新しく出た漢字
P63～P65
の書き順

ていねいに
読みがなを　書きましょう

名前

1 勉強した効果
2 統計をとる
3 野生動物の生息
4 長い進化の過程
5 かん境問題
6 れんげ草の分布
7 日本列島
8 寒い地方の気候
9 富士山の標高
10 人口の減少

ていねいに
読みがなを　書きましょう

名前

1 特別天然記念物
2 野鳥を保護する
3 再び出会う
4 子どもの増加
5 事件の証人
6 力の限り走る
7 責任ある言動
8 人数が減る
9 赤字が増える
10 平均台の上

ていねいに
なぞり書きを　しましょう

名前

1 勉強《べんきょう》した効果《こうか》

2 統計《とうけい》をとる

3 野生動物《やせいどうぶつ》の生息《せいそく》

4 長《なが》い進化《しんか》の過程《かてい》

5 かん境問題《きょうもんだい》

6 れんげ草《そう》の分布《ぶんぷ》

7 日本列島《にっぽんれっとう》

8 寒《さむ》い地方《ちほう》の気候《きこう》

9 富士山《ふじさん》の標高《ひょうこう》

10 人口《じんこう》の減少《げんしょう》

ていねいに
なぞり書きを　しましょう

名前

1 特別天然記念物《とくべつてんねんきねんぶつ》

2 野鳥《やちょう》を保護《ほご》する

3 再《ふたた》び出会《であ》う

4 子《こ》どもの増加《ぞうか》

5 事件《じけん》の証人《しょうにん》

6 力《ちから》の限《かぎ》り走《はし》る

7 責任《せきにん》ある言動《げんどう》

8 人数《にんずう》が減《へ》る

9 赤字《あかじ》が増《ふ》える

10 平均台《へいきんだい》の上《うえ》

漢字を　ていねいに
書きましょう

1 べんきょうしたこうか

2 とうけいをとる

3 やせいどうぶつのせいそく

4 ながいしんかのかてい

5 かんきょうもんだい

名前

6 れんげそうのぶんぷ

7 にっぽんれっとう

8 さむいちほうのきこう

9 ふじさんのひょうこう

10 じんこうのげんしょう

漢字を　ていねいに
書きましょう

1 とくべつてんねんきねんぶつ

2 やちょうをほごする

3 ふたたびであう

4 こどものぞうか

5 じけんのしょうにん

名前

6 ちからのかぎりはしる

7 せきにんあるげんどう

8 にんずうがへる

9 あかじがふえる

10 へいきんだいのうえ

まとめテスト(5)

P58
P61
P65

名まえ

（1問2点）

①□《そ》母と話す　②③□□《えいきゅう》に続く　④□《つま》と出かける

⑤⑥□□《しぼう》校に入学　きれいに⑦（　　）《たもつ》　⑧⑨□□《じょうけん》をつける

手の⑩⑪□□《しょうどく》　高い⑫⑬□□《ひょうか》　⑭⑮□□《きょうかい》線を引く

⑯⑰□□《ざいさん》を分ける　⑱⑲□□《しゃざい》会見　⑳㉑□□《ほご》者

㉒㉓□□《えいぎょう》中　㉔㉕□□《さんせい》意見　㉖（　　）《ふたたび》会う　事実の㉗□《しょう》明

㉘㉙□□《せいりょく》的に絵をかく　練習の㉚㉛□□《こうか》　㉜㉝□□《へいきん》点

㉞㉟□□《げんじょう》を調べる　生物の㊱㊲□□《ぶんぷ》　数に㊳（　　）《かぎり》がある

話し合いの㊴㊵□□《かてい》　人口の㊶㊷□□《げんしょう》と㊸㊹□□《ぞうか》

正しい㊺㊻□□《はんだん》　㊼㊽□□《とうけい》をとる　重い㊾㊿□□《せきにん》

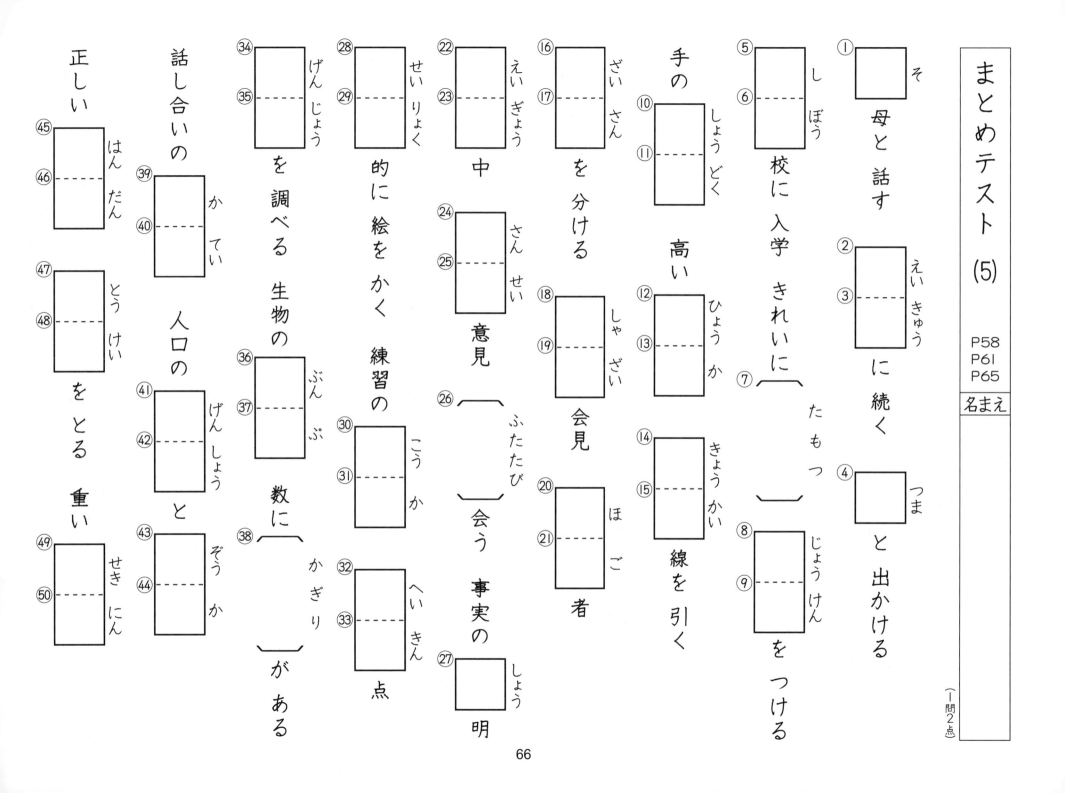

書き順に 気をつけて ていねいに 書きましょう

新しく出た漢字 P68～P70の書き順

名前

授《ジュ》	十一画
紀《キ》	九画
脈《ミャク》	十画
織《シキ》《おる》	十八画
築《チク》《きずく》	十六画
圧《アツ》	五画
仮《カ》《かり》	六画
基《キ》	十一画
額《ガク》《ひたい》	十八画
故《コ》	九画
旧《キュウ》	五画

書き順に 気をつけて ていねいに 書きましょう

新しく出た漢字 P68～P73の書き順

名前

規《キ》	十一画
則《ソク》	九画
貯《チョ》	十二画
液《エキ》	十一画
婦《フ》	十一画
救《キュウ》《すくう》	十一画
墓《ボ》《はか》	十三画
義《ギ》	十三画
殺《サツ》《ころす》	十画
貧《ビン》《まずしい》	十一画
版《ハン》	八画

ていねいに読みがなを書きましょう

名前

1 大学教授の話

2 紀行文を書く

3 暗号文を解く

4 小学漢字辞典

5 赤石山脈

6 子ども会の組織

7 建築現場に行く

8 水圧が下がる

9 天文学の仮説

10 基本の練習

ていねいに読みがなを書きましょう

名前

1 お金の額が多い

2 交通事故が減少

3 旧道を歩く

4 規則を守る

5 貯金の利回り

6 血液を調べる

7 数学の解説書

8 教室の歌声

9 家族愛が強い

10 新聞記者になる

ていねいに なぞり書きを しましょう

名前

1. 大学教授《だいがくきょうじゅ》の話《はなし》
2. 紀行文《きこうぶん》を書《か》く
3. 暗号文《あんごうぶん》を解《と》く
4. 小学漢字辞典《しょうがくかんじじてん》
5. 赤石山脈《あかいしさんみゃく》
6. 子《こ》ども会《かい》の組織《そしき》
7. 建築現場《けんちくげんば》に行《い》く
8. 水圧《すいあつ》が下《さ》がる
9. 天文学《てんもんがく》の仮説《かせつ》
10. 基本《きほん》の練習《れんしゅう》

ていねいに なぞり書きを しましょう

名前

1. お金《かね》の額《がく》が多《おお》い
2. 交通事故《こうつうじこ》が減少《げんしょう》
3. 旧道《きゅうどう》を歩《ある》く
4. 規則《きそく》を守《まも》る
5. 貯金《ちょきん》の利回《りまわ》り
6. 血液《けつえき》を調《しら》べる
7. 数学《すうがく》の解説書《かいせつしょ》
8. 教室《きょうしつ》の歌声《うたごえ》
9. 家族愛《かぞくあい》が強《つよ》い
10. 新聞記者《しんぶんきしゃ》になる

漢字を　ていねいに　書きましょう

名前

1. だいがくきょうじゅのはなし
2. きこうぶんをかく
3. あんごうぶんをとく
4. しょうがくかんじじてん
5. あかいしさんみゃく
6. こどもかいのそしき
7. けんちくげんばにいく
8. すいあつがさがる
9. てんもんがくのかせつ
10. きほんのれんしゅう

漢字を　ていねいに　書きましょう

名前

1. おかねのがくがおおい
2. こうつうじこがげんしょう
3. きゅうどうをあるく
4. きそくをまもる
5. ちょきんのりまわり
6. けつえきをしらべる
7. すうがくのかいせつしょ
8. きょうしつのうたごえ
9. かぞくあいがつよい
10. しんぶんきしゃになる

ていねいに読みがなを書きましょう

1. 夫婦で助け合う
2. 子どもを救う
3. 国立美術館
4. 内気な少女
5. 三十九度の高熱

名前

6. お墓参りに行く
7. 食料不足
8. 正義の味方
9. 才能を殺す
10. 貧しい生活

ていねいに読みがなを書きましょう

1. 出版社に行く
2. 晴れ後くもり
3. 戦争の経験
4. 悪い評判
5. 勇気ある少年

名前

6. 会社の成長戦略
7. はば広い世代
8. 重い病気で入院
9. 伝記を読む
10. 考えに共感する

ていねいに なぞり書きを しましょう

1. 夫婦《ふうふ》で助《たす》け合《あ》う
2. 子《こ》どもを救《すく》う
3. 国立美術館《こくりつびじゅつかん》
4. 内気《うちき》な少女《しょうじょ》
5. 三十九度《さんじゅうくど》の高熱《こうねつ》
6. お墓参《はかまい》りに行《い》く
7. 食料不足《しょくりょうぶそく》
8. 正義《せいぎ》の味方《みかた》
9. 才能《さいのう》を殺《ころ》す
10. 貧《まず》しい生活《せいかつ》

名前

ていねいに なぞり書きを しましょう

1. 出版社《しゅっぱんしゃ》に行《い》く
2. 晴《は》れ後《のち》くもり
3. 戦争《せんそう》の経験《けいけん》
4. 悪《わる》い評判《ひょうばん》
5. 勇気《ゆうき》ある少年《しょうねん》
6. 会社《かいしゃ》の成長戦略《せいちょうせんりゃく》
7. はば広《ひろ》い世代《せだい》
8. 重《おも》い病気《びょうき》で入院《にゅういん》
9. 伝記《でんき》を読《よ》む
10. 考《かんが》えに共感《きょうかん》する

名前

漢字を　ていねいに
書きましょう

1 ふうふでたすけあう
2 こどもをすくう
3 こくりつびじゅつかん
4 うちきなしょうじょ
5 さんじゅうくどのこうねつ

名前

6 おはかまいりにいく
7 しょくりょうぶそく
8 せいぎのみかた
9 さいのうをころす
10 まずしいせいかつ

漢字を　ていねいに
書きましょう

1 しゅっぱんしゃにいく
2 はれのちくもり
3 せんそうのけいけん
4 わるいひょうばん
5 ゆうきあるしょうねん

名前

6 かいしゃのせいちょうせんりゃく
7 はばひろいせだい
8 おもいびょうきでにゅういん
9 でんきをよむ
10 かんがえにきょうかんする

書き順に 気をつけて ていねいに 書きましょう

新しく出た漢字 P75～P77 P79～P81 の書き順

名前

漢字	読み	画数
犯	ハン	五画
講	コウ	十七画
師	シ	十画
慣	カン・なれる・ならす	十四画
性	セイ	八画
益	エキ	十画
制	セイ	八画
造	ゾウ・つくる	十画
型	ケイ・かた	九画
綿	メン・わた	十四画
枝	えだ	八画

書き順に 気をつけて ていねいに 書きましょう

新しく出た漢字 P79～P81 の書き順

名前

漢字	読み	画数
費	ヒ	十二画
税	ゼイ	十二画
輸	ユ	十六画
団	ダン	六画
衛	エイ	十六画
耕	コウ・たがやす	十画
損	ソン	十三画
険	ケン・けわしい	十一画
務	ム・つとめる・つとまる	十一画
粉	フン・こな・こ	十画

ていねいに読みがなを書きましょう

名前

1 新聞に投書する
2 関心のある番組
3 相手の主張
4 犯罪を防ぐ
5 再度話し合う
6 講師に招く
7 地方特有の方言
8 順位を下げる
9 発信者番号
10 全体的な判断

ていねいに読みがなを書きましょう

名前

1 切り取った側面
2 よい生活習慣
3 冷静な人の心理
4 可能性をひめる
5 好都合な条件
6 競技大会の期間
7 例示した報道
8 利益を生む商品
9 学校の制服
10 人体の構造

ていねいに なぞり書きを しましょう

名前

1. 新聞《しんぶん》に投書《とうしょ》する
2. 関心《かんしん》のある番組《ばんぐみ》
3. 相手《あいて》の主張《しゅちょう》
4. 犯罪《はんざい》を防《ふせ》ぐ
5. 再度《さいど》話《はな》し合《あ》う
6. 講師《こうし》に招《まね》く
7. 地方特有《ちほうとくゆう》の方言《ほうげん》
8. 順位《じゅんい》を下《さ》げる
9. 発信者番号《はっしんしゃばんごう》
10. 全体的《ぜんたいてき》な判断《はんだん》

ていねいに なぞり書きを しましょう

名前

1. 切《き》り取《と》った側面《そくめん》
2. よい生活習慣《せいかつしゅうかん》
3. 冷静《れいせい》な人《ひと》の心理《しんり》
4. 可能性《かのうせい》をひめる
5. 好都合《こうつごう》な条件《じょうけん》
6. 競技大会《きょうぎたいかい》の期間《きかん》
7. 例示《れいじ》した報道《ほうどう》
8. 利益《りえき》を生《う》む商品《しょうひん》
9. 学校《がっこう》の制服《せいふく》
10. 人体《じんたい》の構造《こうぞう》

漢字を　ていねいに
書きましょう

1. しんぶんにとうしょする
2. かんしんのあるばんぐみ
3. あいてのしゅちょう
4. はんざいをふせぐ
5. さいどはなしあう

名前

6. こうしにまねく
7. ちほうとくゆうのほうげん
8. じゅんいをさげる
9. はっしんしゃばんごう
10. ぜんたいてきなはんだん

漢字を　ていねいに
書きましょう

1. きりとったそくめん
2. よいせいかつしゅうかん
3. れいせいなひとのしんり
4. かのうせいをひめる
5. こうつごうなじょうけん

名前

6. きょうぎたいかいのきかん
7. れいじしたほうどう
8. りえきをうむしょうひん
9. がっこうのせいふく
10. じんたいのこうぞう

まとめテスト(6)

P70
P73
P77

名まえ

(1問2点)

①②□□《さんみゃく》が連《つら》なる

③□《あつ》力をかける

小犬を④〔　〕《すくう》

⑤⑥□□《けんちく》現場

交通⑦⑧□□《じこ》

⑨□《はか》参り

大学⑩⑪□□《きょうじゅ》

⑫⑬⑭□□□《きこうぶん》を読む

息を⑮〔　〕《ころす》

⑯⑰□□《そしき》の一員

⑱⑲□□《せいぎ》感がある

本を⑳㉑□□《しゅっぱん》する

㉒㉓□□《かせつ》を立てる

㉔㉕□□《ぼうはん》カメラ

㉖㉗□□《たいせい》が整う

㉘㉙□□《きほん》の生活

㉚㉛□□《ちょきん》

㉜㉝□□《きそく》

可能㉞□《せい》

㉟㊱□□《きゅうどう》を歩く

㊲〔　〕《まずしい》くらし

人体の㊳㊴□□《こうぞう》

㊵㊶□□《けつえき》を調べる

早起きの㊷㊸□□《しゅうかん》

㊹㊺□□《りえき》が出る

㊻□《がく》にかざる

おじ㊼㊽□□《ふうふ》

㊾㊿□□《こうし》を招く

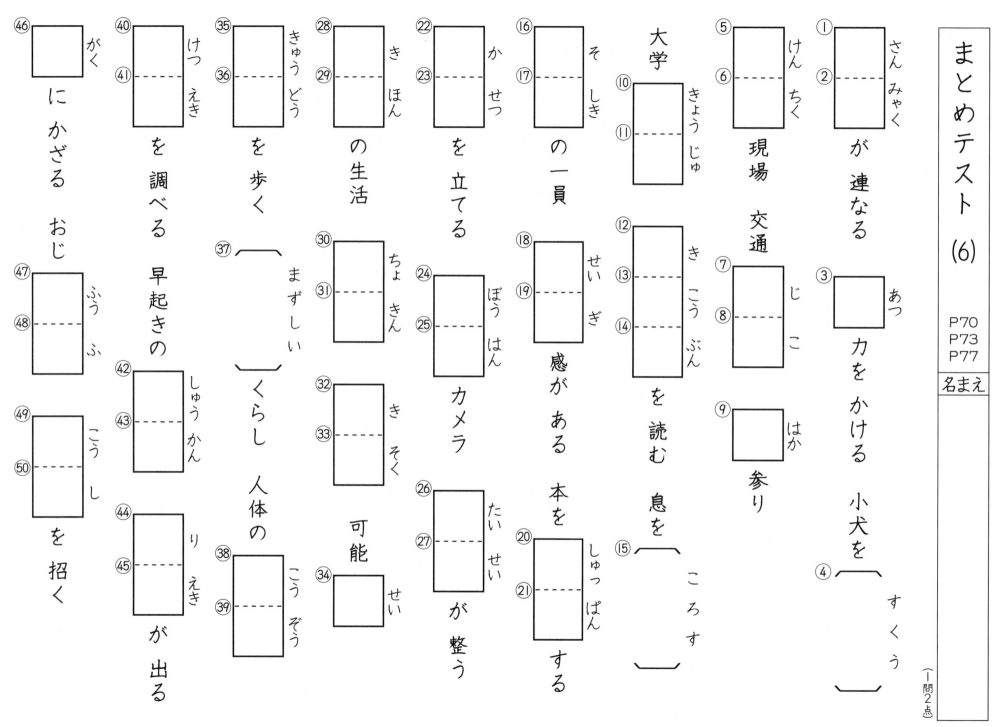

ていねいに 読みがなを 書きましょう

1. 車の小型化
2. 複数の解答例
3. タンポポの綿毛
4. 桜の木の小枝
5. 消費税をはらう

名前

6. 輸入品を買う
7. 団体戦に出場
8. 人工衛星の観測
9. 農耕地帯の風景
10. 損害保険に加入

ていねいに 読みがなを 書きましょう

1. 事務所に出向く
2. 魚市場の見学
3. たまご形のかし
4. 角笛の音色
5. 正夢と逆夢

名前

6. 歩み寄りで解決
7. 粉ミルクを飲む
8. 雪合戦を楽しむ
9. 船旅で外国へ
10. 複合語の表記

ていねいに なぞり書きを しましょう

1. 車《くるま》の小型化《こがたか》
2. 複数《ふくすう》の解答例《かいとうれい》
3. タンポポの綿毛《わたげ》
4. 桜《さくら》の木《き》の小枝《こえだ》
5. 消費税《しょうひぜい》をはらう
6. 輸入品《ゆにゅうひん》を買《か》う
7. 団体戦《だんたいせん》に出場《しゅつじょう》
8. 人工衛星《じんこうえいせい》の観測《かんそく》
9. 農耕地帯《のうこうちたい》の風景《ふうけい》
10. 損害保険《そんがいほけん》に加入《かにゅう》

名前

ていねいに なぞり書きを しましょう

1. 事務所《じむしょ》に出向《でむ》く
2. 魚市場《うおいちば》の見学《けんがく》
3. たまご形《がた》のかし
4. 角笛《つのぶえ》の音色《ねいろ》
5. 正夢《まさゆめ》と逆夢《さかゆめ》
6. 歩《あゆ》み寄《よ》りで解決《かいけつ》
7. 粉《こな》ミルクを飲《の》む
8. 雪合戦《ゆきがっせん》を楽《たの》しむ
9. 船旅《ふなたび》で外国《がいこく》へ
10. 複合語《ふくごうご》の表記《ひょうき》

名前

漢字を ていねいに 書きましょう

1 くるまのこがたか
2 ふくすうのかいとうれい
3 タンポポのわたげ
4 さくらのきのこえだ
5 しょうひぜいをはらう

名前

6 ゆにゅうひんをかう
7 だんたいせんにしゅつじょう
8 じんこうえいせいのかんそく
9 のうこうちたいのふうけい
10 そんがいほけんにかにゅう

漢字を ていねいに 書きましょう

1 じむしょにでむく
2 うおいちばのけんがく
3 たまごがたのかし
4 つのぶえのねいろ
5 まさゆめとさかゆめ

名前

6 あゆみよりでかいけつ
7 こなミルクをのむ
8 ゆきがっせんをたのしむ
9 ふなたびでがいこくへ
10 ふくごうごのひょうき

書き順に 気をつけて ていねいに 書きましょう

新しく出た漢字
P83～P85
の書き順

採	サイ	とる	十一画
豊	ホウ	ゆたか	十三画
快	カイ	こころよい	七画
燃	ネン	もえる・もやす	十六画
率	リツ	ひきいる	十一画

練習しましょう

名前

書き順に 気をつけて ていねいに 書きましょう

新しく出た漢字
P83～P85
の書き順

領	リョウ		十四画
喜	キ	よろこぶ	十二画
導	ドウ	みちびく	十五画
堂	ドウ		十一画

練習しましょう

名前

ていねいに読みがなを書きましょう

名前

1. 植物を採集する
2. 容器の材質
3. 失礼な質問
4. 独特な作品
5. 両親に感謝
6. 南極の実態調査
7. 豊かな心
8. 発声の強弱
9. 提案内容の開示
10. 男女で助け合う

ていねいに読みがなを書きましょう

名前

1. ゆ快な老人
2. 紙が燃える
3. チームを率いる
4. 左右を確かめる
5. 頭領らしい行動
6. 喜びの声
7. 生徒を指導する
8. 会場へ導く
9. 堂々たる戦い
10. 快い野鳥の羽音

ていねいに なぞり書きを しましょう

名前

1 植物《しょくぶつ》を採集《さいしゅう》する

2 容器《ようき》の材質《ざいしつ》

3 失礼《しつれい》な質問《しつもん》

4 独特《どくとく》な作品《さくひん》

5 両親《りょうしん》に感謝《かんしゃ》

6 南極《なんきょく》の実態調査《じったいちょうさ》

7 豊《ゆた》かな心《こころ》

8 発声《はっせい》の強弱《きょうじゃく》

9 提案内容《ていあんないよう》の開示《かいじ》

10 男女《だんじょ》で助《たす》け合《あ》う

ていねいに なぞり書きを しましょう

名前

1 ゆ快《かい》な老人《ろうじん》

2 紙《かみ》が燃《も》える

3 チームを率《ひき》いる

4 左右《さゆう》を確《たし》かめる

5 頭領《とうりょう》らしい行動《こうどう》

6 喜《よろこ》びの声《こえ》

7 生徒《せいと》を指導《しどう》する

8 会場《かいじょう》へ導《みちび》く

9 堂々《どうどう》たる戦《たたか》い

10 快《こころよ》い野鳥《やちょう》の羽音《はおと》

漢字を　ていねいに
書きましょう

1 しょくぶつをさいしゅうする
2 ようきのざいしつ
3 しつれいなしつもん
4 どくとくなさくひん
5 りょうしんにかんしゃ

名前

6 なんきょくのじったいちょうさ
7 ゆたかなこころ
8 はっせいのきょうじゃく
9 ていあんないようのかいじ
10 だんじょでたすけあう

漢字を　ていねいに
書きましょう

1 ゆかいなろうじん
2 かみがもえる
3 チームをひきいる
4 さゆうをたしかめる
5 とうりょうらしいこうどう

名前

6 よろこびのこえ
7 せいとをしどうする
8 かいじょうへみちびく
9 どうどうたるたたかい
10 こころよいやちょうのはおと

まとめテスト (7)

P81
P85

名まえ

（1問2点）

タンポポの①②《わたげ》　シカの③《つの》　木の④⑤《こえだ》

⑥⑦《こがた》の車　⑧⑨⑩⑪《そんがいほけん》に加入

⑫⑬《まさゆめ》を見る　⑭⑮⑯《ゆにゅうひん》を買う　⑰⑱《こなゆき》がまう

⑲⑳㉑《うおいちば》　㉒㉓㉔《じむしょ》で働く　ゆ㉕《かい》な人たち

㉖㉗㉘《しょうひぜい》　㉙㉚《ふなたび》に出る　チームを㉛《ひきいる》

㉜㉝《のうこう》地帯　㉞㉟㊱㊲《しょくぶつさいしゅう》　成功を㊳《よろこぶ》

㊴㊵《だんたい》行動　パチパチと㊶《もえる》

人工㊷㊸《えいせい》が打ち上がる　交通㊹㊺《しどう》を受ける

㊻《ゆたか》な水　㊼㊽《とうりょう》らしく　㊾㊿《どうどう》とする

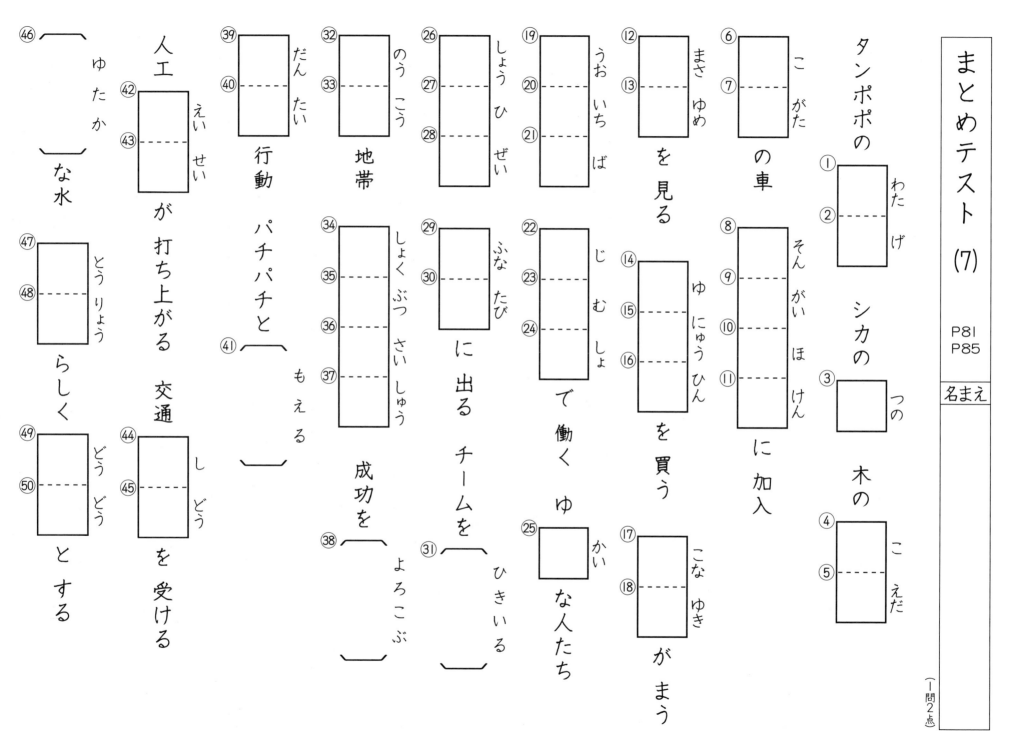

五年生のまとめテスト(1)

名まえ

（新出漢字50問　1問2点）

犬を①〔　〕《かう》　友②□《じょう》　理③□《かい》　川の④□《か》口

実⑤□《さい》　⑥〔　〕《まかす》　⑦□《ふく》数　⑧□《どう》⑨□《ぞう》を建てる

人が⑩〔　〕《あらわれる》　⑪□《かっ》好がよい　⑫□《しゅう》⑬□《ふく》工事　実⑭□《ざい》

⑮□《たい》度　⑯□《ぼう》⑰□《さい》訓練　点⑱□《けん》　右へ⑲□《い》動　⑳□《りゅう》学

㉑□《に》合う　印㉒□《しょう》　入㉓□《しょう》　㉔〔　〕《おうじる》　㉕〔　〕《ささえる》

㉖□《ぎ》㉗□《じゅつ》　所㉘□《ぞく》　知㉙□《しき》　原㉚□《いん》　を㉛〔　〕《のべる》

㉜□《きょ》㉝□《か》　㉞□《ほう》㉟□《こく》　㊱□《じゅん》㊲□《び》　詩の㊳□《こう》成　直㊴□《せつ》

㊵□《ぼう》㊶□《えき》　清㊷□《けつ》にする　㊸□《てき》切　㊹〔　〕《すごす》　新㊺□《かん》線

㊻□《きょう》味　㊼□《しつ》問　正㊽□《かく》に書く　人㊾〔　〕《ごみ》　内㊿□《よう》

五年生のまとめテスト (2)

名まえ

（新出漢字50問　1問2点）

混 ①□《ざつ》 止 ②□《きん》 本を ③□《か》 す 順 ④□《じょ》 参考 ⑤□《し》 料

⑥□《とく》 意 二 ⑦□《さん》 化炭 ⑧□《そ》 校 ⑨□《しゃ》 ⑩□《おう》 復 ⑪〔まねく〕

省 ⑫□《りゃく》 ⑬□《せっ》 置 公 ⑭□《えん》 会 ⑮□《ぼう》 風 ⑯□《こう》 海の船

可 ⑰□《のう》 性 ⑱□《てい》 留所 ⑲□《せい》 品 テントを ⑳〔はる〕 ㉑〔やぶる〕

計 ㉒□《そく》 功 ㉓□《せき》 ㉔□《ぜっ》 対 ㉕□《せい》 治家 ㉖〔まよう〕 ㉗□《けい》 済

調 ㉘□《さ》 ㉙㉚□《ひじょう》 口 ㉛〔しめす〕 ㉜□《ぎゃく》 三角形 大 ㉝□《ぜい》

㉞□《さくら》 の花 ㉟□《そう》 合する ㊱□《ひ》 料 ㊲□《しょく》 員室 ㊳〔くらべる〕

長 ㊴□《へん》 小説 ㊵〔あつい〕 本 ㊶□《べん》 当 ㊷〔かこむ〕 鉄 ㊸□《こう》 石

俳《はい》 ㊹□《く》 ㊺㊻□《ぶし》 ㊼□《い》 間《ま》 ㊽㊾□《れきし》 週 ㊿□《かん》 誌《し》

五年生のまとめテスト(3)

名まえ

（新出漢字50問　一問2点）

①□《てい》供
②〔　　〕《より》道
③〔　　〕《あまり》
④⑤□□《えいきゅう》
⑥□《えい》業

⑦□《こ》人タクシー
⑧□《がん》科
消⑨□《どく》
⑩□《せい》力的
⑪〔　　〕《たもつ》

⑫□《つま》
⑬⑭□□《じょうけん》
分⑮□《ぶ》
⑯〔　　〕《ふたたび》
⑰□《き》行文

⑱□《ほとけ》
話の過⑲□《てい》
平⑳□《きん》
水㉑□《あつ》
㉒□《き》本
金㉓□《がく》

現㉔□《じょう》を語る
㉕□《とう》計
保㉖□《ご》
㉗□《じゅ》業をうける

㉘□《し》望校
㉙㉚□□《ひょうか》
㉛㉜□□《はんだん》
㉝□《げん》少
㉞㉟□□《しゃざい》

㊱□《そ》母
㊲□《さん》成
㊳□《しょう》明する
㊴□《か》説
建㊵□《ちく》

㊶〔　　〕《ひとり》言
㊷□《ぞう》加
㊸〔　　〕《かぎり》がない
山㊹□《みゃく》
組㊺□《しき》

㊻□《ゆめ》
㊼□《ざい》産
㊽□《こう》果がある
かん㊾□《きょう》
㊿□《せき》任

五年生のまとめテスト(4)

名まえ

(新出漢字43問　●は読み方が新しい漢字7問　1問2点)

①②□□《きそく》

③□《ちょ》金

出④□《ぱん》社

⑤□《わた》毛

⑥□《えだ》分かれ

血⑦□《えき》

お⑧□《はか》

不利⑨□《えき》

消⑩⑪□□《ひぜい》

⑫（　　）《ゆたか》

事⑬□《こ》

⑭□《きゅう》街道

車の構⑮□《ぞう》

⑯□《ゆ》入品

夫⑰□《ふ》

正⑱□《ぎ》

習⑲□《かん》

農⑳□《こう》地帯

㉑㉒□□《こうし》を招く

㉓（　　）《すくう》

㉔（　　）《ころす》

㉕（　　）《まずしい》

㉖□《そん》害

保㉗□《けん》

㉘（　　）《もえる》

防㉙□《はん》

人工㉚□《えい》星

こん虫㉛□《さい》集

㉜（　　）《よろこぶ》

㉝□《せい》度

㉞□《だん》体

事㉟□《む》員

頭㊱□《りょう》

講㊲□《どう》に集まる

㊳□《こな》ミルク

㊴□《かい》調に進む

指㊵□《どう》

㊶（　　）《ひきいる》

㊷□《せい》格

大㊸●㊹□□《がたけん》

●㊺●㊻□□《だんじょ》

●㊼●㊽□□《さゆう》

曲がり●㊾□《かど》

●㊿□《げん》実

五年生のまとめテスト(5)

名まえ

（読み方が新しい漢字50問　1問2点）

①〔　　〕《ただちに》始める　②〔　　〕《たしかめる》　③□《へ》④□《た》　⑤□《みょう》後日

⑥□《せい》部地方　丸⑦□《た》　⑧□《か》（⑨□）⑩□《わら》で遊ぶ

⑪□《なま》物　⑫□《ま》⑬□《じ》⑭□《め》　⑮□《うお》市場　⑯□《め》⑰□《がね》

⑱□《け》⑲□《しき》　⑳□《がん》日　その㉑□《のち》　㉒□《つの》笛をふく

㉓□《とく》本を借りる　㉔□《や》㉕□《お》㉖□《や》　㉗□《くだ》㉘□《もの》　㉙〔　　〕《こころよい》

正㉚□《じき》　㉛□《はか》㉜□《せ》　㉝〔　　〕《へる》　㉞〔　　〕《ふえる》　㉟〔　　〕《みちびく》

本㊱□《みょう》　㊲□《つい》㊳□《たち》　㊴□《そ》織の一員　㊵〔　　〕《あゆむ》

㊶□《し》㊷□《みず》がわく　㊸□《まさ》夢　たまご㊹□《がた》　㊺□《まい》㊻□《ご》

製㊼□《し》工場　㊽□《ふな》旅　雪㊾□《がっ》戦　㊿□《こ》典を学ぶ

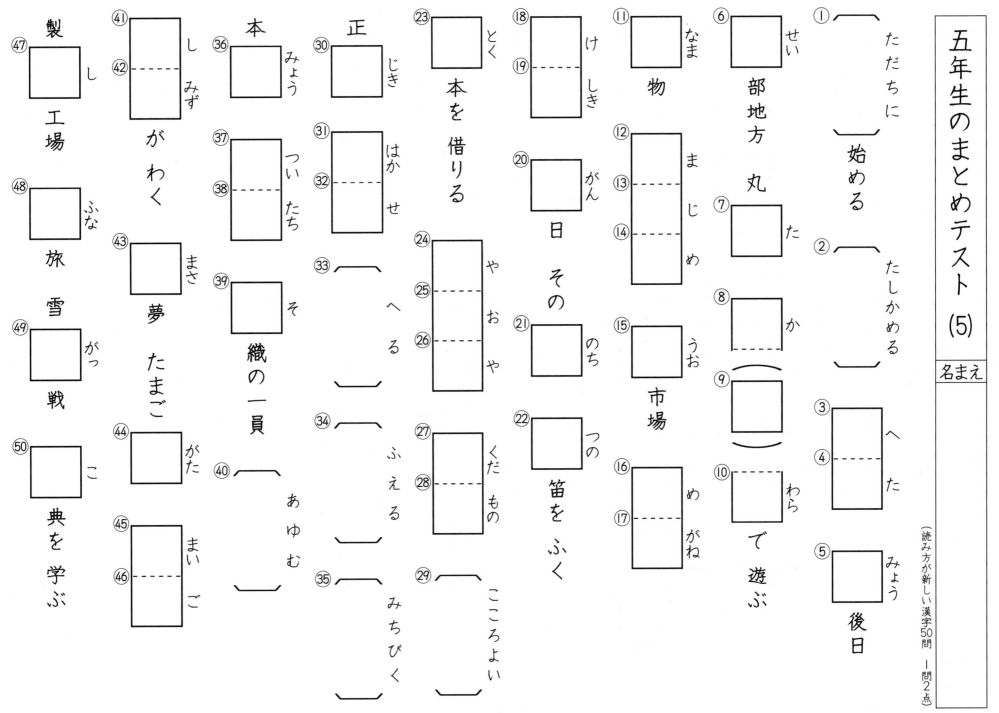

新出漢字力だめし

名まえ

（新出漢字50問　1問2点）

①②□□《きょ　か》

③④□□《ぼう　えき》

俳《はい》⑤□《く》の会

⑥⑦□□《れき　し》

実⑧□《さい》

⑨〔　〕《ふたたび》

⑩□《せき》任

⑪□《ゆ》入品

⑫□《てき》切な言葉

⑬〔　〕《もえる》木の

⑭□《えだ》

⑮□《ちょ》金

⑯⑰□□《ぼう　さい》犬を

⑱〔　〕《かう》習

⑲□《かん》

⑳□《さくら》の花

㉑〔　〕《すくう》

㉒㉓□□《えい　きゅう》

㉔□《じゅ》業

㉕□《か》説

㉖㉗□□《き　そく》

㉘㉙□□《じょう　けん》

㉚〔　〕《よろこぶ》成

㉛□《せき》

㉜㉝□□《さん　そ》

㉞□《ひ》料

㉟㊱□□《はん　だん》

㊲□《こな》雪

㊳㊴□□《じゅん　び》

㊵㊶□□《ぶ　し》

㊷□《ゆめ》

㊸□《ぼう》風雨　かん

㊹□《きょう》

㊺□《わた》毛

㊻□《えき》体

㊼□《し》料を見る

㊽〔　〕《あつい》辞書

原㊾□《いん》

㊿〔　〕《ひとり》言

P.19

まとめテスト（1）

P11 P14 P18　名まえ　（1問2点）

①②実際《じっさい》のすがた　犬を③〔飼《か》う〕　④⑤空想《くうそう》にふける

係に⑥〔任《まか》す〕　人物の⑦⑧心情《しんじょう》を⑨⑩理解《りかい》する

月が⑪〔現《あらわ》れる〕　川の⑫⑬河口《かこう》　橋の⑭⑮修復《しゅうふく》

⑯似《に》合う　⑰⑱印象《いんしょう》に残る　⑲〔直《ただ》ちに〕　⑳㉑移動《いどう》する

㉒㉓㉔不格好《ぶかっこう》　㉕㉖防災《ぼうさい》の日　㉗㉘清潔《せいけつ》なくらし

㉙㉚許可《きょか》をえる　車の㉛㉜点検《てんけん》　㉝㉞愛犬《あいけん》の世話

㉟㊱複数《ふくすう》の人　コンクールで㊲㊳入賞《にゅうしょう》する　㊴㊵表現《ひょうげん》の自由

㊶㊷銅像《どうぞう》を建てる　中国との㊸㊹貿易《ぼうえき》

㊺㊻興味《きょうみ》をもつ　科学㊼㊽技術《ぎじゅつ》　㊾㊿態度《たいど》が悪い

P.31

まとめテスト（2）

P23 P26 P30　名まえ　（1問2点）

①②報告《ほうこく》文　③④正確《せいかく》に書く　出かける⑤⑥準備《じゅんび》

注文に⑦〔応《おう》じる〕　⑧⑨所属《しょぞく》チーム　意見を⑩〔述《の》べる〕

⑪⑫質問《しつもん》の答え　アラスカの⑬⑭西部《せいぶ》　⑮⑯適切《てきせつ》な言動

⑰⑱内容《ないよう》　本を⑲〔貸《か》す〕　ちがいを⑳㉑意識《いしき》する　俳《はい》㉒句《く》

負けた㉓㉔原因《げんいん》　㉕㉖丸太《まるた》運び　㉗㉘㉙新幹線《しんかんせん》

㉚㉛実在《じつざい》の人物　柱で㉜〔支《ささ》える〕　㉝㉞混雑《こんざつ》する

㉟㊱直接《ちょくせつ》会う　文を省㊲略《りゃく》する　立ち入り㊳㊴禁止《きんし》

家族㊵㊶構成《こうせい》　数の㊷㊸計測《けいそく》　元気に㊹〔過《す》ごす〕

㊺㊻留学《りゅうがく》生　㊼㊽可能《かのう》　㊾㊿日常《にちじょう》

P.42

まとめテスト（3）

P34 P38 P41　名まえ　（1問2点）

①②総合《そうごう》の時間　③〔厚《あつ》い〕本　④⑤武士《ぶし》の⑥刀《かたな》

⑦⑧暴風《ぼうふう》雨　⑨⑩⑪案内板《あんないばん》を⑫⑬設置《せっち》する

畑に⑭⑮肥料《ひりょう》をやる　バスの⑯⑰⑱停留所《ていりゅうじょ》　⑲⑳製糸《せいし》工場

㉑㉒酸素《さんそ》　学校までの㉓㉔往復《おうふく》　太平洋を㉕㉖航海《こうかい》する

げきの㉗㉘公演《こうえん》　㉙㉚功績《こうせき》を残す　㉛㉜鉱石《こうせき》を見つける

㉝㉞週刊《しゅうかん》誌《し》を読む　㉟㊱調査《ちょうさ》の㊲㊳資料《しりょう》

㊴㊵㊶非常口《ひじょうぐち》から出る　㊷㊸校舎《こうしゃ》のまど

㊹㊺順序《じゅんじょ》　㊻桜《さくら》の花

美しい㊼㊽景色《けしき》　㊾㊿古典《こてん》の世界

P.54

まとめテスト（4）

P46 P49 P53　名まえ　（1問2点）

①②絶対《ぜったい》勝つ　③④弁当《べんとう》を食べる　力を⑤〔比《くら》べる〕

⑥⑦下手《へた》な字　意地を⑧〔張《は》る〕　⑨⑩⑪職員室《しょくいんしつ》に入る

⑫⑬居間《いま》に集まる　⑭⑮逆転《ぎゃくてん》負け　日本の⑯⑰歴史《れきし》

⑱⑲長編《ちょうへん》小説　⑳㉑得点《とくてん》　㉒〔破《やぶ》る〕　お客を㉓〔招《まね》く〕

㉔㉕政治《せいじ》家　指で㉖〔示《しめ》す〕　本を㉗㉘提供《ていきょう》する

㉙㉚経験《けいけん》を積む　㉛夢《ゆめ》を見る　百人㉜〔余《あま》り〕の人々

㉝㉞大勢《おおぜい》で㉟〔囲《かこ》む〕　㊱㊲㊳真面目《まじめ》な人　㊴㊵〔面食《めんく》らった〕顔

㊶駅《えき》で㊷〔迷《まよ》う〕　㊸㊹個人《こじん》タクシー　帰りに㊺〔寄《よ》る〕

㊻㊼〔独《ひと》り言《ごと》〕　㊽㊾着眼《ちゃくがん》点が良い　㊿仏《ほとけ》さま

P.66

まとめテスト (5)

P58 P61 P65

名まえ

（1問2点）

①祖《そ》母と話す　②永《えい》③久《きゅう》に続く　④妻《つま》と出かける

⑤志《し》⑥望《ぼう》校に入学　きれいに〔⑦保《たも》つ〕　⑧条《じょう》⑨件《けん》をつける

手の⑩消《しょう》⑪毒《どく》　高い⑫評《ひょう》⑬価《か》　⑭境《きょう》⑮界《かい》線を引く

⑯財《ざい》⑰産《さん》を分ける　⑱謝《しゃ》⑲罪《ざい》会見　⑳保《ほ》㉑護《ご》者

㉒営《えい》㉓業《ぎょう》中　㉔賛《さん》㉕成《せい》意見　〔㉖再《ふたた》び〕会う　事実の㉗証《しょう》明

㉘精《せい》㉙力《りょく》的に絵をかく　練習の㉚効《こう》㉛果《か》　㉜平《へい》㉝均《きん》点

㉞現《げん》㉟状《じょう》を調べる　生物の㊱分《ぶん》㊲布《ぷ》　数に〔㊳限《かぎ》り〕がある

話し合いの㊴過《か》㊵程《てい》　人口の㊶減《げん》㊷少《しょう》と㊸増《ぞう》㊹加《か》

正しい㊺判《はん》㊻断《だん》　㊼統《とう》㊽計《けい》をとる　重い㊾責《せき》㊿任《にん》

P.78

まとめテスト (6)

P70 P73 P77

名まえ

（1問2点）

①山《さん》②脈《みゃく》が連なる　③圧《あつ》力をかける　小犬を〔④救《すく》う〕

⑤建《けん》⑥築《ちく》現場　交通⑦事《じ》⑧故《こ》　⑨墓《はか》参り

大学⑩教《きょう》⑪授《じゅ》　⑫紀《き》⑬行《こう》⑭文《ぶん》を読む　息を〔⑮殺《ころ》す〕

⑯組《そ》⑰織《しき》の一員　⑱正《せい》⑲義《ぎ》感がある　本を⑳出《しゅっ》㉑版《ぱん》する

㉒仮《か》㉓説《せつ》を立てる　㉔防《ぼう》㉕犯《はん》カメラ　㉖体《たい》㉗制《せい》が整う

㉘基《き》㉙本《ほん》の生活　㉚貯《ちょ》㉛金《きん》　㉜規《き》㉝則《そく》　可能㉞性《せい》

㉟旧《きゅう》㊱道《どう》を歩く　〔㊲貧《まず》しい〕くらし　人体の㊳構《こう》㊴造《ぞう》

㊵血《けつ》㊶液《えき》を調べる　早起きの㊷習《しゅう》㊸慣《かん》　㊹利《り》㊺益《えき》が出る

㊻額《がく》にかざる　おじ㊼夫《ふう》㊽婦《ふ》　㊾講《こう》㊿師《し》を招く

P.86

まとめテスト (7)

P81 P85

名まえ

（1問2点）

タンポポの①綿《わた》②毛《げ》　シカの③角《つの》　木の④小《こ》⑤枝《えだ》

⑥小《こ》⑦型《がた》の車　⑧損《そん》⑨害《がい》⑩保《ほ》⑪険《けん》に加入

⑫正《まさ》⑬夢《ゆめ》を見る　⑭輸《ゆ》⑮入《にゅう》⑯品《ひん》を買う　⑰粉《こな》⑱雪《ゆき》がまう

⑲魚《うお》⑳市《いち》㉑場《ば》　㉒事《じ》㉓務《む》㉔所《しょ》で働く　ゆ㉕快《かい》な人たち

㉖消《しょう》㉗費《ひ》㉘税《ぜい》　㉙船《ふな》㉚旅《たび》に出る　チームを〔㉛率《ひき》いる〕

㉜農《のう》㉝耕《こう》地帯　㉞植《しょく》㉟物《ぶつ》㊱採《さい》㊲集《しゅう》　成功を〔㊳喜《よろこ》ぶ〕

㊴団《だん》㊵体《たい》行動　パチパチと〔㊶燃《も》える〕

人工㊷衛《えい》㊸星《せい》が打ち上がる　交通㊹指《し》㊺導《どう》を受ける

〔㊻豊《ゆた》か〕な水　㊼頭《とう》㊽領《りょう》らしく　㊾堂《どう》㊿々《どう》とする

P.87

五年生のまとめテスト (1)

名まえ

（新出漢字50問　1問2点）

犬を〔①飼《か》う〕　友②情《じょう》　理③解《かい》　川の④河《か》口

実⑤際《さい》　〔⑥任《まか》す〕　⑦複《ふく》数　⑧銅《どう》⑨像《ぞう》を建てる

人が〔⑩現《あらわ》れる〕　⑪格《かっ》好がよい　⑫修《しゅう》⑬復《ふく》工事　実⑭在《ざい》

⑮態《たい》度　⑯防《ぼう》⑰災《さい》訓練　点⑱検《けん》　右へ⑲移《い》動　⑳留《りゅう》学

㉑似《に》合う　印㉒象《しょう》　入㉓賞《しょう》　〔㉔応《おう》じる〕　〔㉕支《ささ》える〕

㉖技《ぎ》㉗術《じゅつ》　所㉘属《ぞく》　知㉙識《しき》　原㉚因《いん》を〔㉛述《の》べる〕

㉜許《きょ》㉝可《か》　㉞報《ほう》㉟告《こく》　㊱準《じゅん》㊲備《び》　詩の㊳構《こう》成　直㊴接《せつ》

㊵貿《ぼう》㊶易《えき》　清㊷潔《けつ》にする　㊸適《てき》切　〔㊹過《す》ごす〕　新㊺幹《かん》線

㊻興《きょう》味　㊼質《しつ》問　正㊽確《かく》に書く　人〔㊾混《ご》み〕　内㊿容《よう》

P.88

五年生のまとめテスト (2)

名まえ

（新出漢字50問　1問2点）

①混雑《ざつ》　②禁《きん》止　③本を貸《か》す　④順序《じょ》　⑤参考資《し》料
⑥得《とく》意　⑦二酸《さん》化炭　⑧素《そ》　⑨校舎《しゃ》　⑩往《おう》復　⑪〔招く《まねく》〕
⑫省略《りゃく》　⑬設《せつ》置　⑭公演《えん》会　⑮暴《ぼう》風　⑯航《こう》海の船
⑰可能《のう》性　⑱停《てい》留所　⑲製《せい》品　⑳テントを〔張る《はる》〕　㉑〔破る《やぶる》〕
㉒計測《そく》　㉓功績《せき》　㉔絶《ぜっ》対　㉕政《せい》治家　㉖〔迷う《まよう》〕　㉗経《けい》済
㉘調査《さ》　㉙非《ひ》㉚常《じょう》口　㉛〔示す《しめす》〕　㉜逆《ぎゃく》三角形　㉝大勢《ぜい》
㉞桜《さくら》の花　㉟総《そう》合する　㊱肥《ひ》料　㊲職《しょく》員室　㊳〔比べる《くらべる》〕
㊴長編《へん》小説　㊵〔厚い《あつい》〕本　㊶弁《べん》当　㊷〔囲む《かこむ》〕　㊸鉄鉱《こう》石
㊹俳《はい》句《く》　㊺武《ぶ》㊻士《し》　㊼居《い》間《ま》　㊽歴《れき》㊾史《し》　㊿週刊《かん》誌《し》

P.89

五年生のまとめテスト (3)

名まえ

（新出漢字50問　1問2点）

①提《てい》供　②〔寄り《より》〕道　③〔余り《あまり》〕　④永《えい》⑤久《きゅう》　⑥営《えい》業
⑦個《こ》人タクシー　⑧眼《がん》科　⑨消毒《どく》　⑩精《せい》力的　⑪〔保つ《たもつ》〕
⑫妻《つま》　⑬条《じょう》⑭件《けん》　⑮分布《ぶ》　⑯〔再び《ふたたび》〕　⑰紀《き》行文
⑱仏《ほとけ》　⑲話の過程《てい》　⑳平均《きん》　㉑水圧《あつ》　㉒基《き》本　㉓金額《がく》
㉔現状《じょう》を語る　㉕統《とう》計　㉖保護《ご》　㉗授《じゅ》業をうける
㉘志《し》望校　㉙評《ひょう》㉚価《か》　㉛判《はん》㉜断《だん》　㉝減《げん》少　㉞謝《しゃ》㉟罪《ざい》
㊱祖《そ》母　㊲賛《さん》成　㊳証《しょう》明する　㊴仮《か》説　㊵建築《ちく》
㊶〔独り《ひとり》〕言　㊷増《ぞう》加　㊸〔限り《かぎり》〕がない　㊹山脈《みゃく》　㊺組織《しき》
㊻夢《ゆめ》　㊼財《ざい》産　㊽効《こう》果がある　㊾かん境《きょう》　㊿責《せき》任

P.90

五年生のまとめテスト (4)

名まえ

（新出漢字43問　＊は読み方が新しい漢字7問　1問2点）

①規《き》②則《そく》　③貯《ちょ》金　④出版《ばん》社　⑤綿《わた》毛　⑥枝《えだ》分かれ
⑦血液《えき》　⑧お墓《はか》　⑨不利益《えき》　⑩消費《ひ》⑪税《ぜい》　⑫〔豊か《ゆたか》〕
⑬事故《こ》　⑭旧《きゅう》街道　⑮車の構造《ぞう》　⑯輸《ゆ》入品　⑰夫婦《ふ》
⑱正義《ぎ》　⑲習慣《かん》　⑳農耕《こう》地帯　㉑講《こう》㉒師《し》を招く　㉓〔救う《すくう》〕
㉔〔殺す《ころす》〕　㉕〔貧しい《まずしい》〕　㉖損《そん》害　㉗保険《けん》　㉘〔燃える《もえる》〕
㉙防犯《はん》　㉚人工衛《えい》星　㉛こん虫採《さい》集　㉜〔喜ぶ《よろこぶ》〕　㉝制《せい》度
㉞団《だん》体　㉟事務《む》員　㊱頭領《りょう》　㊲講堂《どう》に集まる
㊳粉《こな》ミルク　㊴快《かい》調に進む　㊵指導《どう》　㊶〔率いる《ひきいる》〕　㊷性《せい》格
㊸＊大型《がた》＊㊹犬《けん》　＊㊺男《だん》＊㊻女《じょ》　＊㊼左《さ》＊㊽右《ゆう》　＊㊾曲がり角《かど》　＊㊿現《げん》実

P.91

五年生のまとめテスト (5)

名まえ

（読み方が新しい漢字50問　1問2点）

①〔直ちに《ただちに》〕始める　②〔確かめる《たしかめる》〕　③下《へ》④手《た》　⑤明《みょう》後日
⑥西《せい》部地方　⑦丸太《た》　⑧川《か》　⑨〔河〕　⑩原《わら》で遊ぶ
⑪生《なま》物　⑫真《ま》⑬面《じ》⑭目《め》　⑮魚《うお》市場　⑯眼《め》⑰鏡《がね》
⑱景《け》⑲色《しき》　⑳元《がん》日　㉑その後《のち》　㉒角《つの》笛をふく
㉓読《とく》本を借りる　㉔八《や》㉕百《お》㉖屋《や》　㉗果《くだ》㉘物《もの》　㉙〔快い《こころよい》〕
㉚正直《じき》　㉛博《はか》㉜士《せ》　㉝〔減る《へる》〕　㉞〔増える《ふえる》〕　㉟〔導く《みちびく》〕
㊱本名《みょう》　㊲一《つい》㊳日《たち》　㊴組《そ》織の一員　㊵〔歩む《あゆむ》〕
㊶清《し》㊷水《みず》がわく　㊸正《まさ》夢　たまご㊹形《がた》　㊺迷《まい》㊻子《ご》
㊼製糸《し》工場　㊽船《ふな》旅　㊾雪合《がっ》戦　㊿古《こ》典を学ぶ

P.92

新出漢字力だめし

名まえ

（新出漢字50問　1問2点）

①許《きょ》②可《か》　③貿《ぼう》④易《えき》　⑤俳《はい》句《く》の会　⑥歴《れき》⑦史《し》

⑧実際《さい》　⑨〔再び《ふたたび》〕　⑩責《せき》任　⑪輸《ゆ》入品

⑫適《てき》切な言葉　⑬〔燃える《もえる》〕　木の⑭枝《えだ》　⑮貯《ちょ》金

⑯防《ぼう》⑰災《さい》　犬を⑱〔飼う《かう》〕　習⑲慣《かん》　⑳桜《さくら》の花　㉑〔救う《すくう》〕

㉒永《えい》㉓久《きゅう》　㉔授《じゅ》業　㉕仮《か》説　㉖規《き》㉗則《そく》

㉘条《じょう》㉙件《けん》　㉚〔喜ぶ《よろこぶ》〕　成㉛績《せき》　㉜酸《さん》㉝素《そ》　㉞肥《ひ》料

㉟判《はん》㊱断《だん》　㊲粉《こな》雪　㊳準《じゅん》㊴備《び》　㊵武《ぶ》㊶士《し》　㊷夢《ゆめ》

㊸暴《ぼう》風雨　かん㊹境《きょう》　㊺綿《わた》毛　㊻液《えき》体

㊼資《し》料を見る　㊽〔厚い《あつい》〕辞書　原㊾因《いん》　㊿〔独り《ひとり》〕言

新版　くりかえし漢字練習プリント 5年

2021年3月10日　第1刷発行

著　　者：椹木 マサ子　原田 善造（他10名）

発 行 者：岸本 なおこ

発 行 所：喜楽研（わかる喜び学ぶ楽しさを創造する教育研究所）

〒604-0827　京都府京都市中京区高倉通二条下ル瓦町 543-1

TEL　075-213-7701　FAX　075-213-7706

HP　https://www.kirakuken.co.jp/

印　　刷：株式会社米谷

ISBN:978-4-86277-333-3

Printed in Japan

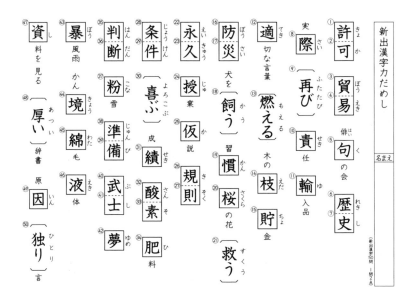